CATALOGUE

DES LIVRES

DE feu M. HERBERT.

Dont la Vente se fera en détail le
Lundi 3 Juillet 1758. & jours sui-
vans de relevée, rue Saint André
des Arcs.

Q 716.
118.

A PARIS,

Chez Pissot, Libraire, Quai de Conti,
au bout du Pont neuf.

M. DCC. LVIII.

TABLE

Des Facultés & Divisions du présent Catalogue.

THEOLOGIE.

JURISPRUDENCE.

SCIENCES ET ARTS.

PHILOSOPHIE.

BELLES LETTRES.

GRAMMAIRE.

Philologie.

HISTOIRE.

HISTOIRE ANCIENNE.

HISTOIRE MODERNE.

Fin de la Table.

CATALOGUE

La Vente des Livres de la Bibliothéque de feu M. HERBERT, commencera le Lundi 3 Juillet 1758, & continuera les jours fuivans, depuis deux heures de relevée jufqu'au foir, rue Saint André des Arcs. Les Livres feront expofés dans l'ordre qui fuit :

Lundi 3 Juillet.

THEOLOGIE, depuis le N°. 1. jufqu'au N°. 7. inclufivement.

Jurifprudence, depuis le N°. 131, jufq. N°. 137 incl.

Sciences & Arts, depuis le N°. 225, jufq. N°. 244 incl.

Belles Lettres, depuis le N°. 701, jufq. N°. 736 incl.

Hiftoire, depuis le N°. 1585, jufq. N°. 1609 incluf.

Mardi 4.

Théologie, depuis le N°. 8, jufqu'au N°. 15 incluf.

Jurifprudence, depuis le N°. 138, jufq. N°. 143 incl.

Sciences & Arts, depuis le N°. 245, jufq. N°. 266 incl.

Belles Lettres, depuis le N°. 737, jufq. N° 771 incl.

Hiftoire, depuis le N°. 1610, jufq. N°. 1639. incluf.

Mercrèdi 5.

Théologie, depuis le N°. 16, jufqu'au N°. 20. incluf

Jurifprudence, depuis le N°. 144. jufq. N°. 150 incl'

Sciences & Arts, depuis le N°. 267 jufq. N°. 289 incl'

Belles Lettres, depuis le N°. 772, jufq. N°. 807. incl'

Hiftoire, depuis le N°. 1640, jufq. N°. 1672. incluf.

Jeudi 6.

Théologie, depuis le N°. 21. jufqu'au N°. 27. incluf.
Jurifprudence , depuis le N°. 151 jufq. N°. 159 incl.
Sciences & Arts, depuis le N°. 290, jufq. N°. 309 incl.
Belles Lettres , depuis le N°. 808. jufq. N°. 844. incl.
Hiftoire , depuis le N°. 1673 , jufqu'au N°. 1699 incl.

Vendredi 7.

Théologie , depuis le N°. 28 , jufqu'au N°. 35. incluf.
Jurifprudence , depuis le N°. 160 , jufq. N°. 165 incl.
Sciences & Arts , depuis le N°. 310 , jufq. N. 532 incl.
Belles Lettres , depuis le N°. 845. jufq. N°. 886 incl.
Hiftoire , depuis le N°. 1700. jufq. N°. 1720 incluf.

Samedi 8.

Théologie , depuis le N°. 36. jufqu'au N°. 43. incluf.
Jurifprudence , depuis le N°. 166. jufq. N°. 169 incl.
Sciences & Arts , depuis le N°. 333. jufq. N°. 349 incl.
Belles Lettres , depuis le N°. 887 , jufq. N°. 927. incl.
Hiftoire , depuis le N°. 1721 , jufq. N°. 1751. incluf.

Lundi 10 Juillet.

Théologie , depuis le N°. 44 , jufqu'au N°. 50 incluf.
Jurifprudence, depuis le N°. 170, jufq. au N°. 175 incl.
Sciences & Arts , depuis le N°. 350, jufq. N°. 370 incl.
Belles Lettres, depuis le N°. 928, jufqu'au N°. 963 incl.
Hiftoire , depuis le N°. 1752 , jufq. N°. 1783. incluf.

Mardi 11.

Théologie , depuis le N°. 51 , jufqu'au N° 58. incluf.
Jurifprudence, depuis le N°. 176 , jufq. N°. 181 incl.

Sciences & Arts, depuis le N°. 371 , jufq. N°. 392 incl.
Belles Lettres , depuis le N°. 964 , jufq. N°. 998 incl.
Hiftoire , depuis le N°. 1784, jufq. N°. 1820 incluf.

Mercredi 12.

Théologie , depuis le N°. 59, jufqu'au N°. 63 incluf.
Jurifprudence, depuis le N°. 182, jufq. N°. 188 incl.
Sciences & Arts, depuis le N°. 393 , jufq. N°. 412 incl.
Belles Lettres , depuis le N°. 999 , jufq. N°. 1037 incl.
Hiftoire, depuis le N°. 1821 , jufq. N°. 1842 incluf.

Jeudi 13.

Théologie, depuis le N°. 64, jufqu'au N°. 70 incluf.
Jurifprudence, depuis le N°. 189 , jufq. N°. 193 incl.
Sciences & Arts , depuis le N°. 413 , jufq. N°. 434 incl.
Belles Lettres, depuis le N°. 1038 , jufq. N°. 1077 incl.
Hiftoire , depuis le N°. 1843 , jufq. N°. 1867 incluf.

Vendredi. 14.

Théologie , depuis le N°. 71 , jufqu'au N°. 76 incluf.
Jurifprudence, depuis le N°. 194, jufq. N°. 2co incl.
Sciences & Arts, depuis le N°. 435, jufq. N°. 455 incl.
Belles Lettres , depuis le N°. 1078, jufq. N°. 1113 incl.
Hiftoire , depuis le N°. 1868 , jufq. N°. 1893 incluf.

Samedi 15.

Théologie , depuis le N°. 77, jufqu'au N°. 84 incluf.
Jurifprudence, depuis le N°. 201 , jufq. N°. 205 incl.
Sciences & Arts , depuis le N°. 456, jufq. N°. 475 incl.
Belles Lettres, depuis le N°. 1114, jufq. N°. 1152 incl.
Hiftoire, depuis le N°. 1894 , jufq. N°. 1922 incluf.

Lundi 17 Juillet.

Théologie , depuis le N°. 85 , jufqu'au N°. 95 incluf.
Jurifprudence , depuis le N°. 206 , jufq. N°. 211 incl.
Sciences & Arts , depuis le N°. 476, jufq. N°. 492 incl.
Belles Lettres , depuis le N°. 1153 , jufq. N°. 1187 incl.
Hiftoire , depuis le N°. 1923 , jufq. N°. 1946 incluf.

Mardi 18.

Théologie , depuis le N° 96, jufqu'au N°. 101 incluf.
Jurifprudence , depuis le N°. 212, jufq. N°. 218 incl.
Sciences & Arts, depuis l- N°. 493 , jufq. N°. 507 incl.
Belles Lettres depuis le N°. 1188 , jufq. N°. 1229 incl.
Hiftoire, depuis le N°. 1947 , jufq. N°. 1977 incl.

Mercredi 19.

Théologie, depuis le N°. 102, jufqu'au N°. 108 incluf.
Jurifprudence , depuis le N°. 219 , jufq. N° 224. incl.
Sciences & Arts , depuis le N°. 508, jufq. N°. 529 incl.
Belles Lettres, depuis le N°. 1230, jufq. N°. 1261 incl.
Hiftoire , depuis le N°. 1978 , jufq. N°. 2004 incluf.

Jeudi 20.

Théologie, depuis le N°. 109, jufqu'au N°. 115 incluf.
Sciences & Arts, depuis le N°. 530 , jufq. N°. 550 incl.
Belles Lettres , depuis le N°. 1262. jufq. N°. 1300 incl.
Hiftoire , depuis le N°. 2005 , jufq. N°. 2036 incluf.

Vendredi 21.

Théologie , depuis le N°. 116 , jufq. N°. 121 incluf
Sciences & Arts , depuis le N°. 551, jufq. N°. 568 incl.

Belles Lettres, depuis le N°. 1301, jufq. N°. 1344 incl.
Hiftoire, depuis le N°. 2037, jufq. N° 2064 incluf.

Samedi 22.

Théologie, depuis le N°. 122, jufqu'au N°. 130 incl.
Sciences & Arts, depuis le N°. 569, jufq. N°. 595 incl.
Belles Lettres, depuis le N°. 1345. jufq. N°. 1382 incl.
Hiftoire, depuis le N°. 2065, jufq. N°. 2085 incluf.

Lundi 24 Juillet.

Sciences & Arts, depuis le N°. 596, jufq. N°. 622 incl.
Belles Lettres, depuis le N°. 1383, jufq. N°. 1421 incl.
Hiftoire, depuis le N° 2086, jufq. N°, 2105 incluf.

Mercredi 26.

Sciences & Arts, depuis le N°. 623, jufq. N°. 642 incl.
Belles Lettres, depuis le N°. 1422, jufq. N°. 1461 incl.
Hiftoire, depuis le N°. 2106, jufq. N°. 2145 incluf.

Jeudi 27.

Sciences & Arts, depuis le N°. 643, jufq. N°. 661 incl.
Belles Lettres, depuis le N°. 1462, jufq. N°. 1510 incl.
Hiftoire, depuis le N°. 2146, jufq. N°. 2168 incluf.

Vendredi 28.

Sciences & Arts, depuis le N°. 662, jufq. N°. 685 incl.
Belles Lettres, depuis le N°. 1511, jufq. N°. 1552 incl.
Hiftoire, depuis le N°. 2169, jufq. N°. 2202 incluf.

Samedi 19.

Sciences & Arts, depuis le N°. 686 , jufq. N°. 699 incl·
Belles Lettres, depuis le N°. 1553 ; jufq. N°. 1584 incl.
Hiftoire, depuis le N°. 2202, jufqu'au. N°. 2244 incl.

Le CATALOGUE fe trouve chez PISSOT,
Quai de Conti, à la defcente du Pont-Neuf.

CATALOGUE

DES LIVRES

DE feu M. HERBERT.

THEOLOGIE.

I. *Textes & Versions de l'Ecriture-Sainte.*

1.  IBLIA facra vulgatæ editionis Sixti V ; & Clementis VIII, autoritate recognita cum notis. J. B. du Hamel, *Parifiis ;* 1705. *in-fol. l. r.*

2. La fainte Bible traduite en François fur la Vulgate par le Maître de Sacy. *Paris*, 1711. 8 *vol. in-12.*

3. Commentaire littéral fur tous les Livres de l'Ancien & du Nouveau Teftament, par le R. P. D. Auguftin Calmet. *Paris* 1707. 22 *v. in-4.*

A

4. La fainte Bible en Latin & en François avec des notes littérales, critiques & hiftoriques; des préfaces & des differtations tirées du Commentaire de D. Aug. Calmet, de M. l'Abbé de Vence, &c. *Paris*, 1748. 14 *v. in-4. fig. v. ec.*

5. La Bible qui eft toute la fainte Ecriture du V. & N. Teftament. *Sedan, Jannon*, 1633. *in-12. m. r.*

6. Pfalterium Davidis. *Lugd. Batav. apud Elzevirios*, 1653. *in-12. m. n.*

7. Pfalterium carmine Elegiaco redditum per Helium Eobanum Heffum. *Parifiis*, 1546. *in-16.*

8. Proverbia Salomonis. *Parifiis*, 1689. *in-32.*

9. Paraphrafes fur les Leçons de Job en vers François. *Paris*, 1638. *in-16. v. m.*

10. Novum Teftamentum Græcum. *Lugd. Batav. ex officina Elzeviriorum*, 1633. 2 *vol. in-12. v. m. d. s. t.*

11. Novum Teftamentum Græcum. *Glafguæ in ædibus R. Urie*, 1750. *in-8. pap. fin. v. f.*

12. Manuale Græcarum vocum Novi Teftamenti, autore Georgio Pafore. *Lugd. Batav. ex officina Elzeviriana*, 1634. *in-12. v. ec.*

13. N. Teftamentum Latinum vulg. edit. *Parifiis à Typographiâ regiâ*, 1649. 2 *vol. in-12. l. r. vel.*

14. Le N. Teftament traduit en François par Ant. le Maître, Ant. Arnauld, P. Nicole, le Maître de Saci, Jofeph-Sebaft. du Cambouft de Pontchâteau, & CL. de Ste Marthe. *Mons, Migeot, (Amft. Elzevir)* 1667. 2 *vol. in-12. v. f. d. s. t.*

15. Le Nouveau Teftament traduit par le R. P. Amelote. *Paris*, 1688. 2 *tom. en un vol. in-4.*

II. *HISTOIRES ET FIGURES DE LA BIBLE.*

16. L'Hiſtoire du Vieux & du Nouveau Teſtament repréſentée avec des figures & des explications par de Royaumont (Nic. Fontaine). *Paris , P. le Petit ,* 1670. *in-4. m. r.*

17. Hiſtoire du Vieux & du Nouveau Teſtament , (par David Martin) enrichie de plus de 400 fig. en taille douce. *Amſt. Mortier ,* 1700. *2 vol. in-fol. v. d. avec un vernis.*

18. Diſcours hiſtoriques , critiques , théologiques & moraux ſur les événemens les plus mémorables du V. & du N. Teſtament, par Saurin, avec des figures gravées ſur les deſſeins de MM. Hoet, Houbraken & Picart. *Amſt.* 1720. *6 vol. in-fol. papier impérial m. r.*

19. Hiſtoires les plus remarquables de l'Ancien & du Nouveau Teſtament , avec figures gravées par Jean Luyken. *Amſt. Mortier ,* 1732. *in-fol. grand papier, v. ec.*

20. Dictionnaire hiſtorique , critique , géographique & littéral de la Bible par Calmet. *Paris ,* 1730. *4 vol. in-fol. fig. v. e.*

III. *Interprétes & Critiques ſacrées de l'Ecriture-Sainte.*

21. Régles pour l'intelligence des Saintes Ecritures. *Paris ,* 1716. *in-16. v. f.*

22. Conjectures ſur les Mémoires originaux dont il paroît que Moïſe s'eſt ſervi pour compoſer le Livre de la Geneſe , avec des remarques , par M. Aſtruc. *Bruxelles ,* 1753. *in-12. v. m.*

23. Explication littérale de l'Ouvrage des ſix jours par Duguet. *Bruxelles,* 1731. *in-12.*

24. Les Gémiſſemens d'un cœur Chrétien , exprimés dans les paroles du Pſeaume , *Beati immaculati. Paris ,* 1733. *in-12.*

IV. *L I T U R G I E S.*

25. Miſſale vetus Romanum , Mſſ. in membrana , *in-4. m. r.*

26. Miſſel de Paris Latin-François. *Paris* 1741. 8 *vol. in-12. m. r.*

27. Livre d'Egliſe Latin-François , contenant l'Office de l'après-midi pour tous les jours de l'année ſelon le Bréviaire de Paris. *Paris* 1742. 2 *vol. in-12. m. r.*

28. L'Office divin pour tous les Dimanches & Fêtes de l'année. *Paris ,* 1716. *in-12. m. v.*

29. Office de la Semaine-ſainte, Latin & François , à l'uſage de Rome & de Paris. *Paris* 1731, *in-8. l. 1. m. r.*

30. L'Office de la ſainte Vierge en Latin & en Fran-çois. *Paris* 1700. *in-12.*

31. Hymni ſacri & novi , autore Santolio. *Pariſiis ,* 1689. *in-12. m. r.*

32. Les Pſeaumes en forme de priéres. *Paris ,* 1706. *in-12.*

33. L'Année Chrétienne par M. le Tourneux. *Paris ,* 1723. 13 *vol. in-12.*

34. Liber Precum publicarum in Eccleſiâ Anglicanâ. *Londini ,* 1594. *in-8.*

35. Liturgia ſeu Liber precum communium in Eccle-ſiâ Anglicanâ receptus. *Londini ,* 1706. *in-12.*

36. Heures ſur velin Mſſ. avec miniatures , *in-8.*

37. Autres Heures ſur velin , Mſſ. avec miniatures & cadres de diverſes couleurs , *in-8.*

38. Autres Heures ſur velin , Mſſ. avec miniatures , *in-8.*

39. Autres Heures fur velin Mſſ. avec miniatures ,
in-8. m. r.

40. Autres Heures fur velin Mſſ. avec miniatures ,
in-8.

41. Heures à l'uſage de Rome. *Paris, Simon Voſtre*,
in-4. *Goth. m. r.*

42. Heures de Notre-Dame tranſlatées de Latin en
François, & miſes en rime, par P. Gringoire, avec
pluſieurs belles oraiſons & rondeaux. *Paris*, 1625.
in-4. Goth.

43. Heures à l'uſage de Rouen, avec les miracles de
N. D. les fig. de l'Apocalypſe, de la Bible, & des
triomphes de Céſar. *Paris, Simon Voſtre , in-4.*
Goth. fig.

44. Theſaurus abſconditus in agro Domini inventus.
Pariſiis, 1647. *in-12. m. v.*

45. Le Tréſor de l'Ame dévote. *A Saint-Diez ;*
in-12.

46. La Journée du Chrétien ſanctifiée par la priére ,
par le P. de Villa. *Nanci* , 1724. *in-12.*

47. Prieres Chrétiennes en forme de Méditations ſur
tous les myſteres. *Paris*, 1739. 2 *vol. in-12.*

V. *SAINTS PERES.*

48. Lucii Cœlii Lactantii Firmiani Opera cum notis
varior. operâ & ſtudio Servatii Gallæi. *Lugd.*
Batav. apud Hackium, 1670. *in-8. v. ec.*

49. — Eadem, *Cantabrigiæ* , 1685. *in-8.*

50 — Eadem cum notis J. B. le Brun , ex editione
Nic. Lenglet Dufreſnoy. *Pariſ.* 1748. 2 v. *in-4. v. f.*

51. S. Aurelii Auguſtini de Civitate Dei Libri 22.
Pariſiis 1636. *in-fol.*

52. D. Aur. Auguſtini Confeſſiones. *Lugd. apud Da-*
nielem Elzevirium , 1675. *in-12. m. r.*

53. Les Confeſſions de S. Auguſtin traduites en Fran-
çois par Dubois. *Paris* , 1688. *in* 8.

54. Caſſiodori Opera ex edit. J. Garetii. *Rothomagi,*
1679. *2 vol. in-fol.*

55. C. Sollii Apollinaris Sidonii Opera ex edit. Jac.
Sirmondi. *Pariſ.* 1614 *in-8. m.r.*

56. P. Abælardi & Heloiſæ conjugis ejus Epiſtolæ.
Pariſiis , 1616 *in* 4. *v. f.*

57. Revelationes cœleſtes S. Brigittæ Suecæ, ſponſæ
Chriſti , à Joanne Cardinale de Turrecremata re-
cognitæ & approbatæ 1680. *in-fol.*

58. La vraie & ſolide piété expliquée par S. François
de Sales. *Paris* , 1729. *in* 8.

VI. *THEOLOGIENS SCHOLASTIQUES.*

59. De ſingulari Chriſti Jeſu pulchritudine aſſertio ,
autore Petro Piiartio. *Pariſiis* , 1651. *in-12. v.f.*

60. Traité du libre arbitre & de la concupiſcence.
Ouvrages poſthumes de Jacq. Benigne Boſſuet.
Paris , 1731. *in-12. v. f.*

61. Les Imaginaires & les Viſionnaires , ou Lettres
ſur l'héréſie imaginaire (par P. Nicole). *Liége* ,
1667. *2 vol. in 12. m. bl.*

62. Le Chemin du Ciel, & le teſtament ou prépa-
ration à la mort du Cardinal Bona. *Paris* , 1708.
in-12. v. f.

63. Recueil des Piéces concernant la Thèſe de M.
l'Abbé de Prades. *Paris* , 1753. *in-4.*

VII. *Théologiens moraux & Prédicateurs.*

64. De l'abus des nudités de gorge. *Paris,* 1677. *in-12.*

65. Réflexions Chrétiennes ſur la virginité. *Orléans* ,
1693. *in-12.*

66. La vie des gens mariés par Girard de Ville.Thierry, *Paris*, 1721. *in-12. m. r.*

67. Les Provinciales ou Lettres écrites par Louis de Montalte (Blaise Pascal) à un Provincial de ses amis, avec les notes de Wendrock. 1712. *3 vol. in-12. v. f.*

68. Réponse aux Lettres Provinciales, ou Entretiens de Cleandre & d'Eudoxe. *Bruxelles*, 1699. *in-12.*

69. La Morale des Jésuites extraite fidélement de leurs Livres. *Mons* 1702. *3 vol. in 12. m. r.*

70. Instructions générales en forme de Catéchisme, imprimées par ordre de Me Charles-Joachim Colbert, Evêque de Montpellier. *Paris*, 1739. *2 vol. in-12.*

71. Oliverii Maillardi Sermones. *Parisiis* 1526. *2 vol. in-8. v. m.*

72. Oliverii Maillardi Sermones communes per Adventum & consequenter Dominicales. *Parisiis*, *in-8. Goth.*

73. Sermones Quadragesimales R. P. Mich. Menoti. *Parisiis*, 1530. *in-8. Goth. v. f.*

74. Sermones fratris Gabr. Barelete. *Lugduni*, 1524. *2 vol. in-8. Guth. v. m.*

75 Sermons du P. Bourdaloue. *Paris*, *Rigauld*, 1707. 14 *vol. in-8. m. bl.*

76. Pensées sur divers sujets de Religion & de Morale, par le même. *Paris*, 1754. *2 vol. in-8. m. bl.*

VIII. *THEOLOGIENS MYSTIQUES.*

77. Bernardi Pezii Bibliotheca Ascetica. *Ratisbonæ*, 1723. 12 *vol. in-8.*

78. Th. à Kempis de Imitatione Christi Libri 4. *Lugd. Batav. ex Officina Elzeviriana*, 1658. *in-12. m. r.*

79. De Imitatione Chrifti Libri IV, autore Th. à Kempis. *Glafguæ*, 1751. *pap. fin*, *in-12 l. r. m. r.*

80. Joannes Gerfen de Imitatione Chrifti Libri IV. Elegiace redditi paraphrafte à Th. Meffero. *Bruxellæ*, 1649. *in-16.*

81. De Imitatione Chrifti Libri IV. variis metris latinè verfi, autore Alex. Silveftre. *Parifiis*, 1699. *in-12.*

82. De Imitatione Chrifti Libri IV. verfibus heroicis traducti à Domino du Quefnay de Boifguibert. *Parifiis*, 1729. *in-8.*

83. L'Imitation de J. C. traduite & paraphrafée en vers François par P. Corneille. *Rouen*, 1656. *in-4. fig.*

84. L'Imitation de J. C. traduite & paraphrafée en vers François, par Pierre Corneille. *Rouen*, 1656. *2 vol. in-12. m. r. l. r. fig.*

85. De l'Imitation de la fainte Vierge, traduite de l'Efpagnol, par le P. de Courbeville. *Paris*, 1740. *in-12.*

86. La myftique Cité de Dieu, miracle de fa toute-puiffance, abîme de la grace, hiftoire divine, & la vie de la Sainte Vierge, manifeftée à la fœur Marie de Jefus d'Agreda, traduite de l'Efpagnol, par le Pere Crofet. *Marfeille*, 1695. *in-8.*

87. Les Oeuvres fpirituelles du P. Louis de Grenade. Paris, 1687. *in-fol.*

88. Effais de morale de Nicole, avec fa vie. *Paris*, 1715. 14 *vol. in-12.*

89. Inftructions du même fur le Symbole, le *Pater*, le Decalogue, & les Sacremens avec le Traité de la Priére. *Paris* 1724. & *fuiv.* 9 *vol. in-12.*

90. Pia defideria Emblematis Elegiis & Affectibus SS. Parrum illuftrata, autore Hermanno Hugone. *Antuerpiæ*, 1624. *in-8. fig.*

91.

91. Lux Evangelica fub velum facrorum Emblematum recondita, per Engelgrave. *Coloniæ*, 1655. 2 *vol. in* 12. *fig. Bl.*

92. Cœlum Empyreum per Henr. Engelgrave. *Coloniæ*, 1669. 2 *vol. in-*12. *fig.*

93. Benedicti Hæfteni Schola cordis. *Antuerpiæ*, 1663. *in-*8. *fig.*

94. Amoris divini & humani Antipathia emblematis expreffa. *Antuerpiæ*, 1670. *in-*12. *fig. m. v.*

95. Clypeus caftitatis ex armamentario virginitatis promptus Opera J. B. Roffi. *Romæ*, 1653. *in-*12. *fig.*

96. Les Oeuvres Chrétiennes de de la Serre. *Paris*, 1647. *in fol. fig.*

97. La dévotion aifée par le P. le Moine. *Paris*, 1668. *in-*12.

98. Inftruction Paftorale de Me François de Salignac de la Mothe-Fenelon fur fon Livre de l'Explication des maximes des Saints. *Cambrai*, 1697. *in-*4.

99. Traité de la confiance en la miféricorde de Dieu ; par l'Evêque de Soiffons. *Paris*, 1730. *in-*12.

100. Inftructions pratiques, & Priéres pour la dévotion au facré Cœur de Jefus. *Vitry*, 1736. *in-*12.

101. Traité du facrifice de louanges établi par David fous la loi par fes cantiques, fanctifié & continué par J. C. fous l'Evangile, par le P. Pacifique de Calais. *Avignon*, 1740. *in-*12. *v. f.*

IX. *THEOLOGIENS POLEMIQUES.*

102. Hugo Grotius de veritate Religionis Chriftianæ Libri VI. cum notis Jo. Clerici. *Hagæ Comitis*, 1724. *in-*12.

B

103. Traité de la vérité de la Religion Chrétienne traduite du Latin de Grotius, par M. l'Abbé Goujet. *Paris*, 1754. *in-12. v. f.*

104. Traité de la vérité de la Religion Chrétienne, par Abbadie. *Rotterdam*, 1684. 2 *vol. in-8. m. c.*

105. Démonstration de la vérité & de la sainteté de la morale Chrétienne, par le P. Lamy. *Paris*, 1688. *in-12.*

106. La Religion Chrétienne prouvée par les faits, par l'Abbé Houtteville. *Paris*, 1722. *in-4.*

107. Méthode courte & facile pour discerner la véritable Religion Chrétienne d'avec les fausses. *Nancy*, 1728. *in 12.*

108. Pensées de Pascal sur la Religion. *Paris*, 1702. *in-12.*

X. *THEOLOGIENS HETERODOXES.*

109. Elenchus Papisticæ Religionis, in quo probatur neque Apostolicam, neque Catholicam, neque Romanam esse, Autore J. Batwick. *Amst.* 1634. *in 8. v. f.*

110. { Le Tombeau de la Messe par David Derodon, *Geneve*, 1654.
L'Ariane, ou filet secourable pour se développer des embarassemens nouveaux du P. Petau, par Jacques d'Auzoles Lapeyre. *Paris*, 1634. *in-8.*

111. { Histoire des cérémonies & des superstitions qui se sont introduites dans l'Eglise. *Amst.* 1717.
Ratrame ou Bertram, Prêtre du Corps & du Sang du Seigneur, traduit de l'Anglois. *Amst.* 1717. *in-12.*

112. Stratagematum Satanæ Libri 8. Jac. Acontio Autore, *Amst.* 1664. *in*-12.

113. La Confession d'Augsbourg traduite en François, *in* 12.

114. Calvinus Judaïzans per Ægidium Hunnium. *Witebergæ*, 1595. *in*-12. *m. b.*

115. Confessio fidei in conventu Theologorum autoritate Parliamenti Anglicani indicto elaborata. *Cantabrigiæ*, 1669. *in*-12.

116. De statu mortuorum & resurgentium Liber, Autore Th. Burnetio. *Londini*, 1726. *in*-8. *v. f.*

117. De statu damnatorum Tractatio scholastica à Jo. Fechtio. *Lipsiæ*, 1708. *in*-8.

118. Essais sur la Providence & sur la Possibilité physique de la Résurrection, trad. de l'Anglois de B***. *La Haye*, 1719. *in*-16. *v. e.*

119. De la tolérance des Religions, Lettres de Leibnitz, & Réponses de Pelisson. *Paris*, 1692. *in* 12.

120. {
Præadamitæ, sive Exercitatio super versibus duodecimo, decimo-tertio & decimo-quarto Capitis quinti Epistolæ Beati Pauli ad Romanos, quibus inducitur primi homines ante Adamum conditi, Autore la Peyrere, 1655.
Animadversiones in Librum Præadamitarum, Autore Eusebio Romano. 1656. *in*-12. *v. e.*
}

121. Responsio exetastica ad Tractatum cui titulus Præadamitæ, Autore Pythio. *Lugd. Batav. apud Elzevirium*, 1656. *in*-12. *v. e.*

122. Etat de l'homme dans le péché originel. 1741. *in*-12. *v. f.*

123. Le Ciel réformé, essai de traduction de partie du Livre Italien, Spaccio della bestia Trionfante. *Paris*, 1750. *in*-12. *m. r.*

124. Nouvelles libertés de penser. *Amst.* 1743. *in-12.* *m. r.*

125. Th. Brown. Religio Medici. *Lugd. Batav.* 1644 *in-16.*

126. B. Spinosæ Tractatus Theologico - Politicus. *Hamburgi*, 1670. *in-4.*

127. Les Princesses Malabares ou le Célibat Philosophique, avec la Clef & l'Arrêt du Parlement. *Andrinople*, 1734. *in-12. Bl.*

128. Hadr. Relandi de Religione Mohammedica Libri duo. *Trajecti ad Rhenum*, 1717. *in-12. v. f.*

129. La Religion des Mahométans tirée du Latin de Reland, augmentée d'une Confession de foi Mahométane. *La Haye*, 1721. *in-12. fig. v. f.*

130. L'Alcoran de Mahomet traduit d'Arabe en François par du Ryer. *La Haye, Moetjens*, 1683, *in-12. v. e.*

✳✳✳✳✳✳✳✳✳✳✳✳✳✳✳✳✳✳✳✳✳✳✳✳

JURISPRUDENCE.

I. DROIT CANONIQUE.

131. Corpus Juris Canonici digeſtus à J. P. Gibert. *Coloniæ Allobrogum*, 1735. 3 *vol. in-fol.*

132. Origine de la grandeur de la Cour de Rome, & de la nomination aux Evêchés & aux Abbaïes de France, par l'Abbé de Vertot. *La Haye*, 1737. *in-12. v. f.*

133. Traité de l'autorité du Pape. *La Haye*, 1720. 4 *vol. in-12.*

134. L'Eſprit de Gerſon, ou Inſtructions Catholiques touchant le S. Siége. 1691. *in-12. v. e.*

135. Traité de l'autorité des Rois touchant l'adminiſtration de l'Egliſe, par Talon. *Amſt.* 1700. *in-8.*

136. Les Droits des Souverains défendus contre les Excommunications & les Interdits des Papes, par Fra. Paolo. *La Haye*, 1721. 2 *vol. in-12.*

137. Traité du Pouvoir du Magiſtrat politique ſur les choſes ſacrées, traduit du Latin de Grotius. *Londres (Paris)* 1751. *in-12.*

138. Hiſtoire de l'origine & du progrès des revenus Eccléſiaſtiques, par Jerôme Acoſta. *Francfort*, 1703. *in-12.*

139. Traité des Bénéfices de Fra-Paolo Sarpi. *Amſt.* 1687. *in-12.*

140. Traité hiſtorique & chronologique des dixmes, par Michel du Perray. *Paris*, 1720. *in-12.*

141. Traité de la diffolution du mariage pour caufe d'impuiffance. *Luxembourg*, 1735. *in-8*.

II. *DROIT ECCLESIASTIQUE DE FRANCE.*

142. Hiftoire du Droit Public, Ecclefiaftique, François, par M. D. B. *Londres* (*Paris*) 1740. 3 *vol. in-12. v. e.*

143. Traités des Droits & Libertés de l'Eglife Gallicane, avec les Preuves. *Paris*, 1731. 4 *tom. en 3 vol. in-fol.*

144. Concordata inter SS. D. N. Papam Leonem X. ac Chrift. D. N. Regem Francifcum primum. *Parif.* 1545. *in 4.*

145. La véritable Explication du Concordat, par J. Chaftain. *Paris*, 1678. *in-12.*

146. Veteris Ecclefiæ Gallicanæ Querela, Jo. Filefaco exfcribente. *Lutetiæ*, 1603. *in-8.*

147. Oeuvres Pofthumes de Guy Coquille. *Paris*, 1650. *in-4.*

148. Expofition de la doctrine de l'Eglife Gallicane par rapport aux prétentions de la Cour de Rome, par du Marfais. *Geneve* (*Paris*) 1757. *in-12.*

149. { Mémoire Théologique & Politique au fujet des mariages clandeftins des Proteftans de France. *Paris*, 1755.
Lettre d'un Patriote fur la tolérance civile des Proteftans de France, 1756.
Mémoire Politico-critique, où l'on examine s'il eft de l'intérêt de l'Eglife & de l'Etat d'établir pour les Calviniftes une nouvelle forme de fe marier. 1756. 3 *br. in 8.*

150. Traité des Droits du Roi fur les Bénéfices de fes Etats, par M. Simonel. *Paris*, 1752. 2 *vol. in-4. v. m.*

151, Rentes sur le Clergé de France. *in-fol.* Mſſ. très-
bien écrit.

152. Rapport de MM. les anciens Agens, contenant
les principales affaires du Clergé, qui ſe ſont paſſées
depuis l'Aſſemblée de 1740. juſqu'en celle de 1745.
Paris 1745. *in fol.*

153. Procès-verbal de l'Aſſemblée du Clergé tenue en
1742. *in-fol.*

154. —— En 1747. *Paris*, 1745. *in-fol.*

155. —— En 1747. *Paris*, 1745. *in-fol.*

156. Extrait du Procès-verbal de l'Aſſemblée du Clergé
de France, tenue à Paris en l'année 1750. *Londres*
(*Paris*, 1750. *in* 12.

157. Obſervations ſur un Ecrit intitulé , Extrait du
Procès verbal de l'Aſſemblée générale du Clergé de
France , tenue en 1750. *in* 4.

158. Examen des obſervations ſur l'Extrait du Procès-
verbal de l'Aſſemblée générale du Clergé de
France, tenue en 1750. *Bruxelles* (*Paris*) 1750.
in·8.

159. Recueil des Piéces concernant les affaires pré-
ſentes du Clergé de France. *Londres*, (*Paris*)
2 *vol. in*·12. 1750.

160. Lettres , Ne repugnate. *Londres* (*Paris*) 1750.
in-8.

161. —— Les mêmes. 1750. *in*·12.

162. { Réponſe aux Lettres contre l'immunité des
biens Eccléſiaſtiques. 1750.
Défenſe de l'immunité des biens Eccléſiaſti-
ques. 1750.
Réflexions ſur un Ecrit intitulé, Lettres d'un
Imprimeur de Londres , *in* 12.

163. Examen impartial des immunités Eccléſiaſtiques
Londres (*Paris*) 1751. *in* 12.

164. Traité des droits de l'Etat & du Prince ſur les

biens poffédés par le Clergé. *Amft.* (*Paris*) 1755.
6 *vol. in-12. v. m.*

165. Hiftoire de la réception du Concile de Trente
dans les différens Etats Catholiques. *Amft.* (*Paris*)
1756. 2 *vol. in-12. v. m.*

III. *Traités particuliers de la vie & difcipline Monaftique.*

166. De l'Autorité du Roi touchant l'âge néceffaire à
la profeffion folemnelle des Religieux, par le Vayer
de Boutigny. *Paris*, 1751. *in-12.*

167. Regulæ Soc. Jefu. *Lugduni*, 1606. *in-8.*

　　Canones Congregationum generalium Socie-
　　　tatis Jefu. *Antuerpiæ*, 1635.

　　Formulæ Congregationum confectæ & appro-
　　　batæ. *Ibid.*

　　Ratio atque inftitutio ftudiorum Societ. Jefu.
　　　Ibid.

　　Ordinationes præpofitorum generalium. *Ibid.*

　　Compendium privilegiorum & gratiarum Soc.
　　　Jefu. *Ibid.*

　　Regulæ Soc. Jefu. *Ibid.*

168. 〈 Decreta Congregationum generalium Societ.
　　　Jefu. *Ibid.*

　　Bullæ, Decreta, Canones, Inftructiones,
　　　Epiftolæ, &c. quæ inftituti Soc. Jef. im-
　　　preffioni Antuerp. accefferunt. *Ibid.* 1669.

　　Inftructiones ad Provinciales & Superiores
　　　Soc. Jef. *Antuerpiæ*, 1635.

　　Cl. Aquavivæ Inftructio pro Superioribus ad
　　　augendum confervandumque fpiritum in
　　　Societate. *Ibid.*

　　——— Ejufdem induftriæ ad curandos animæ
　　　morbos. *Ibid.*

Exercitia

{ Exercitia spiritualia Ignatii Loyolæ. *Ibid.*
Directorium in Exercitia Ignatii. *Ibid.*
Litteræ Apostolicæ quibus institutio, confir-
matio & varia privilegia continentur Soc.
Jef. *Ibid.*
Constitutiones Soc. Jesu. *Ibid.*
Epistolæ Præpositorum Generalium ad Patres
& Fratres Soc. Jesu. *Ibid.*
Index generalis in omnes Libros Instituti Soc.
Jesu. *Antuerpiæ apud Meursium*, 1635.
6 vol. in 8.

169. L'Apocalypse de Meliton, ou Révélations des
Mysteres Cénobitiques, par *J. P. Camus*, Ev. de
Belley. *A Saint-Leger*, 1665. *in-12. v. f. fig.*

IV. *DROIT CIVIL.*

Droit de la Nature & des Gens, & Droit Public.

170. De l'Esprit des Loix par le Président de Montes-
quieu. *Geneve (Paris)* 1749. *2 tom. en un vol. in-4.*
v. e.

{ Défense de l'Esprit des Loix, par M. de
Montesquieu. *Geneve (Paris)* 1750.
171. Suite de la Défense de l'Esprit des Loix.
Berlin, 1751. *in-12. v. m.*

172. Extrait du Livre de l'Esprit des Loix, Chapitre
par Chapitre, avec des remarques. *Amst. (Paris)*
1753. *in-12.*

173. L'Esprit des maximes politiques pour servir de
suite à l'Esprit des Loix, par M. Pecquet. *Paris*,
1757. *2 vol. in-12. br.*

174. Le Droit de la Nature & des Gens, ou systême
général des principes les plus importans de la Mo-
rale, de la Jurisprudence & de la Politique, par

C

le Baron de Puffendorf, traduit du Latin par Bar-
beyrac. *Londres* (*Trevoux*) 1740. 3 *vol. in*-4.

175. Principes du droit de la nature & des gens, ex-
trait du grand Ouvrage Latin de M. Wolff, par
M. Formey. *Amft.* 1758. 3 *vol. in-*1 2. *br.*

176. Traité philofophique des Loix naturelles, par
Richard Cumberland, traduit du Latin par Barbey-
rac. *Amft.* 1744. *in*-4.

177. Recherche nouvelle de l'origine & des fonde-
mens du droit de la nature, par Fred. Henri
Strube de Piermont. *A S. Petersbourg*, 1740. *in*-8.
v. m.

178. Le droit de la guerre & de la paix, par Hugues
Grotius, trad. par J. Barbeyrac. *Amft.* 1729. 2 *vol.*
in-4.

179. Le Droit public de l'Europe fondé fur les Trai-
tés, par M. l'Abbé de Mably. *Geneve* (*Paris*)
1748. 2 *vol. in-*1 2.*v. e.*

180. Principes du Droit politique par Burlamaqui.
Amft. (*Paris*) 1751. 2 *vol. in*-8. *v. e.*

181. Des principes de négociations pour fervir d'in-
troduction au Drcit public de l'Europe, par M.
l'Abbé Mably. *La Haye* (*Paris*), 1757. *in*-12.

182. Recueil hiftorique d'Actes, Négociations, Mé-
moires & Traités depuis la Paix d'Utrecht jufqu'au
fecond Congrès de Cambray, par Rouffet. *La Haye,*
1728. 21 *vol. in*-8. *v. e.*

183. Négociations de M. le Comte d'Avaux en Hol-
lande. *Paris*, 1752. 6 *vol. in*-8.

184. Mémoires des Commiffaires du Roi & de ceux
de Sa Majefté Britannique fur les poffeffions & les
droits refpectifs des deux Couronnes en Amerique.
Paris, de l'Impr. Royale, 1755. 4 *vol. in*-4. *v. m.*

V. *DROIT ROMAIN.*

185. Corpus Juris Civilis cum notis Dion. Gothofredi. *Lutetiæ Parisiorum ex Typographiâ Ant. Vitray*, 1628. 2 vol. in-fol. gr. pap.

186. Corpus Juris Civilis. *Amst. apud Dan. Elzevirium*, 1664. 2 vol. in-8. v. m.

187. Inftitutiones D. Juftiniani. *Amst. apud Lud. Elzevirium*, 1654. in-16. m. r. doublé de m. r.

188. Hugonis Grotii florum fparfio ad Jus Juftinianum. *Amst.* 1643. in 12. m. v.

189. Hiftoire de la Jurifprudence Romaine, par Ant. Terraffon. *Paris*, 1750. in-fol. v. f.

190. Les Loix Civiles dans leur ordre naturel, par Domat, *Paris*, 1735. in-fol.

VI. *DROIT FRANÇOIS.*

Capitulaires, Loix, Ordonnances, Coutumes & Arrêts.

191. Recherches pour fervir à l'hiftoire du Droit François. *Paris*, 1752. in-12.

192. Capitularia Regum Francorum, additæ funt Malculfi & alior. formulæ veteres cum notis. Steph. Baluzius in unum collegit. *Parifiis*, 1677. 2 vol. in-fol. v. f.

193. Hiftoire des Capitulaires des Rois François fous la premiere & feconde race. *La Haye (Paris)* 1755. in-12.

194. Ordonnances des Rois de France de la troifiéme race, recueillies par ordre chronologique par MM. de Lauriere & Secouffe. *Paris*, *de l'Imprimerie royale*, 1723. & années fuivantes, 10 vol. in-fol. v. m.

195. Ordonnance de Louis XIV. de 1667. *Paris*, 1667. *in-12.*

196. Ordonnance de Louis XIV. de 1667. *Paris*, 1667. *in-12.*

197. Ordonnance de Louis XIV. de 1681. touchant la Marine. *Paris*, 1681. *in-12.*

198. Ordonnances de Louis XIV. de 1680. & 81. *Paris* 1698. 2 *vol. in-16.*

199. Recueil des Ordonnances & Réglemens pour la levée & perception des droits d'entrées, &c. *Nanci*, 1723. *in* 4.

200. Recueil des Arrêts, Edits, Déclarations & Réglemens de S. A. Royale, concernant la ferme du tabac de Lorraine. *Nanci*, *in-12.*

201. Nouveau Code des Tailles, ou Recueil des Ordonnances, Edits, &c. rendus sur cette matiere. *Paris*, 1740. 4 *vol. in-12.*

202. Code de Louis XV. *Paris*, 1741. *in-16.*

203. Code Voiturin. *Paris*, 1748. 2 *vol. in-4.*

204. Code Rural. *Paris*, 1749. 2 *vol. in-12.*

205. Extraits des Edits, Déclarations, Arrêts & Réglemens concernant les petits scels, la culture, fabrique & Ferme générale de tabac, les cartes à jouer, les amortissemens, les dentelles, les insinuations laïques, les courtiers jaugeurs, le huitiéme & sixiéme denier, les francs-fiefs, & la marque de l'or & de l'argent. 10 *vol. in-fol. mss.*

206. Arrêt du Parlement de Paris contre Charles II. Duc de Lorraine, & autres complices & accusés, le premier Août 1412. *Paris*, 1634. *in-8.*

207. Arrêts de Louet, augmentés par Brodeau. *Paris*, 1668. *in fol.*

208. Recueil des priviléges de l'Université de Paris. *Paris*, 1674. *in-fol.*

209. Sylvæ nuptialis Libri fex, Jo. Nevizano autore.
Lugduni, 1545. in-8.

210. Nouvel examen de l'ufage général des fiefs en
France, par M. Bruffel. Paris, 1750. 2 vol.
in-4.

211. Traité de la Police par de la Mare. Paris, 1722.
4 vol. in-fol. v. e.

212. Obfervations fur le refus que fait le Châtelet de
reconnoître la Chambre Royale. 1754. 2 vol.
in-4. v. f.

213. Recueil des piéces, tant impr. que mff. con-
cernant l'affaire des Princes légitimés. in-fol.

214. Recueil des Piéces concernant l'affaire des Princes
légitimés. Paris, 1716. in-8.

215. Recueil général des Piéces contenues au procès
de M. le Marquis de Gefvres. Rotterdam, 1714.
2 vol. in-12.

216. Recueil général des Piéces contenues au pro-
cès du Pere Girard. Aix, 1731. 5 vol. in-12.

217. Motifs des Juges du Parlement de Provence
qui ont été d'avis de condamner le P. J. B. Girard.
1733. in-4.

218. Piéces originales & Procédures du Procès fait
à Robert-François Damiens. Paris, 1757. in-4.
br.

219. Les Caufes célébres & intéreffantes, avec les
jugemens qui les ont décidées, recueillies par
Gayot de Pitaval. Paris, 1734. 20 vol. in-12.
v. f.

220. Faits des Caufes célébres & intéreffantes. Amft.
(Paris) 1757. in-12. br.

VII. *D R O I T E T R A N G E R.*

221. Traité historique & politique du Droit public de l'Empire d'Allemagne, par M. le Coq de Villeray. *Paris*, 1748. *in-4.*

222. Tableau du gouvernement actuel de l'Empire d'Allemagne, ou Abrégé du Droit public de l'Empire, par Schmauss. traduit de l'Allemand. *Paris*, 1755. *in-12. v. m.*

223. Code Frederic, ou Corps de droit pour les Etats de Sa Majesté le Roi de Prusse, trad. de l'Allemand. *Lyon*, 1751. *3 vol. in-8. v. f.*

224. Loix & Constitutions du Roi de Sardaigne, en Italien & en François. *Turin*, 1723. *in-fol.*

SCIENCES ET ARTS.

PHILOSOPHIE.

I. Traités généraux.

225. Histoire critique de la Philosophie , par
M. Deslandes. *Londres* (*Trevoux*) 1742.
3 *vol. in-*12. *v. e.*

226. Jo. Gerardi Vossii de Philosophiâ & Philoso-
phorum sectis Libri 2. *Hagæ Comitum* , 1658.
*in-*4.

227. Histoire universelle des systêmes de Philoso-
phie, tant anciens que modernes , touchant l'ori-
gine & la création du Monde , trad. de l'Anglois.
La Haye , 1755. *in-*12. *v. f.*

228. Traité des systêmes par M. l'Abbé de Condillac.
La Haye (*Paris*) 1749. *in-*12. *v. e.*

II. Philosophes Anciens & Modernes.

229. Hieroclis Commentarius in aurea carmina de
providentiâ & fato quæ supersunt Gr. & Lat. ex
recensione Pet. Needham. *Cantabrigiæ* , 1709.
*in-*8. *v. f.*

230. La vie de Pythagore, ses symboles, ses vers
dorés & la vie d'Hierocles , par Dacier. *Paris*,
1706. 2 *vol. in* 12.

231. Les Oeuvres de Platon traduites en François
avec des remarques , par Dacier. *Paris* , 1701.
2 *vol. in-*12.

232. Ariftotelis Opera omnia quæ extant Gr. & Lat.
ex edit Guill. du Val. *Parifiis , Typis regiis ,* 1619.
2 *vol. in fol. gr. pap. l. r.*

233. Maximi Tyrii diſſertationes Gr. & Lat. *Oxoniæ,*
1677. *in* 12.

234. Maximi Tyrii Diſſertationes Gr. & Lat. ex re-
cenfione Jo. Davifii. *Londini ,* 1740. *in-*4. *v. e.*

235. Sexti Empirici Opera Gr. & Lat. cum Henr.
Stephani verfione & notis Jo. Alb. Fabricii. *Lipfiæ ,*
1718. *in fol. v. f.*

236. Les Hipotipoſes ou Inſtitutions Pirroniennes de
Sextus Empiricus , trad. du Grec. *Amſt.* 1725.
in 12. *v. f.*

237. L. A. Senecæ Philoſophi , & M. A. Senecæ
Rhetoris , quæ extant Opera. *Parifiis ,* 1627.
in-fol.

238. L. Annæi Senecæ Opera omnia ex emendatione
J. Lipfii. *Lugd. Batav. apud Elʒevirios ,* 1640.
3 *vol. in-*12. *m. r.*

239. —— Eadem cum notis Lipfii & varior. *Amſt.*
apud Elʒevirium , 1676. 3 *tom. en* 6 *vol. in-*8.
m. r.

240. Penſées de Seneque recueillies par M. Angli-
viel de la Beaumelle. *Paris ,* 1752. 2 *vol. in-*12.

241. {
Les Confolations de la Philoſophie & de la
Théologie, par le P. de Cerifiers. *Paris,* 1740.
La Confolation de la Philoſophie traduite du
Latin de Boece en François , par le même.
Paris , 1640. *in* 16. *m. c.*

242. Salluftii Philoſophi de Diis & Mundo Gr. & Lat.
Lugd. Batav. 1639. *in* 16.

243. Confucius Sinarum Philoſophus , five ſcientia
Sinenfis latinè expofita ſtudio & operâ Patrum
Soc. Jeſu. *Parifiis ,* 1687. *in-fol.*

244.

244. La Doctrine des mœurs tirée de la Philosophie des Stoïques, représentée en cent Tableaux, & expliquée par Gomberville. *Paris*, 1646. *in fol. v. f.*

245. Analyse de la Philosophie du Chancelier Bacon, par M. de Leer. *Paris*, 1755. 2 *vol. in* 12. *v. f.*

246. La vie du même, traduite de l'Anglois par M. Pouillot. *Paris*, 1755. *in-*12.*v. f.*

247. Œuvres de Descartes. *Paris*, 1724. 13 *vol. in-*12. *fig.*

248. Le vrai système de Physique générale de New-ton, exposé & analysé en parallele avec celui de Descartes, par le P. Castel. *Paris*, 1743. *in-*4.

249. L'usage de la raison & de la foi, par P. Sylvain Regis. *Paris*, 1704. *in-*4.

250. Essai sur les erreurs populaires, trad. de l'Anglois de Thomas Brown. *Paris*, 1738. 2 *vol. in-*12.

251. Traité de l'incertitude des Sciences, trad. de l'Anglois. *Paris*, 1714. *in-*12.*v. f.*

252. La Philosophie applicable à tous les objets de l'esprit & de la raison, par l'Abbé Terasson. *Paris*, 1754. *in-*8. *v. m.*

253. Discours sur l'origine & les fondemens de l'iné-galité parmi les hommes, par J. J. Rousseau. *Amst.* 1755. *in-*8. *br.*

III. *LOGIQUE.*

254. La Logique, ou l'Art de penser de MM. de Port-Royal. *Paris, Savreux,* 1664. *in-*12.

255. Nouvel Essai de Logique, par de Crouzaz. *Amst.* 1712. 2 *vol. in-*12.

D

IV. *MORALE.*

256. Theophrasti characteres Ethici Gr. & Lat. cum notis Casauboni & aliorum , ex recensione P. Needham. *Cantabrigiæ* , 1712. *in*-8.

257. Eædem ex recensione P. Needham cum versione Latinâ Jo. Casauboni. *Glasguæ* , *Foulis* , 1743. *in*-12. *pap. fin. m. v.*

258. Les Caracteres de Theophraste avec les caracteres ou les mœurs de ce siécle, par de la Bruyere. *Amst.* (*Paris*) 1731. 2 *vol. in*-12. *v. e.*

259. Sentimens critiques sur les caracteres de la Bruyere. *Paris* , 1701. *in*-12. *v. e.*

260. Epicteti & Cebetis Tabula Gr. & Lat. *Amst.* 1670. *in*-32. *m. r.*

261. Epicteti , Manuale & Sententiæ quibus accedunt Tabula Cebetis Gr. cum Latinâ interpretatione M. Meibomii , notis Cl. Salmasii , ex editione Hadr. Relandi *Trajecti. Batav.* 1711. *in*-4.

262. Epicteti quæ supersunt dissertationes ab Arriano collectæ , nec non Enchiridion & fragmenta Gr. & Lat. cum notis varior. recensuit Joann. Uptonus. *Londini* , *Woodward* , 1741. 2 *vol. in*-4. *gr. pap. v. f.*

263. {
Epicteti Enchiridion Latinis versibus adumbratum , per Edvardum Ivie. *Glasguæ* , *Rob. Foulis* , 1744.
Epicteti Enchiridion Gr. & Lat. *Ibidem* , 1748.
Cebetis Tabula Gr. & Lat. *Ibid.* 1747. *in*-12. *v. e.*
}

264. Le Manuel d'Epictete & les Commentaires de Simplicius, trad. en François par Dacier. *Paris* , 1715. 2 *vol. in*-12.

265. M. Antonii Imperatoris de rebus fuis Libri XII. Gr. & Lat. ex editione Th. Gatakeri. *Cantabrigiæ*, 1652. *in-4. m. r.*

266. Réflexions morales de l'Empereur Marc-Antonin, trad. en François avec des remarques, par Dacier. *Paris*, 1691. 2 vol. *in-12. m. r.*

267. De la Sageffe, par P. Charron. *Leide. Elzevier*, 1656. *in-12. m. r.*

268. Philofophiæ moralis Inftitutio compendiaria, Libri 3. autore Fr. Hutchefon. *Glafguæ*, *Foulis*, 1745. *in-12. v. e.*

269. Les devoirs de l'homme & du citoyen, traduit du Latin de Puffendorf, par Barbeyrac. *Amft.* 1718. 2 vol. *in-12. v. f.*

270. Elementa Philofophica de Cive, autore Th. Hobbes. *Amft. apud Lud. Elzevirium*, 1647. *in-12. maroq. à compartiment.*

271. Liber de Officiis confcriptus à J. Nic. Alex. maurocordato Vaivoda. Gr. & Lat. *Lipfiæ*, 1722. *in-4. gr. pap.*

272. L'Art de fe connoître foi-même, par Jacq. Abbadie. *La Haye (Paris*, 1741. *in-12. v. f.*

273. Traité de Morale, par le P. Mallebranche. *Rotterdam*, 1684. *in-12. v. f. d. s. t.*

274. Œconomie de la vie humaine, trad. de l'Anglois. *Paris*, 1752. *in-12.*

275. Le Philofophe Chrétien, ou difcours moraux, par M. Formey, *Lyon*, 1752. *in-12.*

276. Effais fur la deftination de l'homme. *Drefde*, 1752. *in-12. v. f.*

277. Réflexions, Sentences & Maximes morales du Duc de la Rochefoucault, avec les notes d'Amelot de la Houffaye. *Paris*, 1714. *in-12.*

D ij

278. L'homme détrompé , ou le Criticon de Baltazar Gracian , traduit de l'Espagnol. *La Haye* , 1725. 3 *vol. in-*12.

279. Le Spectateur , ou le Socrate moderne , trad. de l'Anglois. *Amst.* 1732. 7 *vol. in-*12. *v. e.*

280. La Bagatelle , ou discours ironique , par Van-Effen. *Amst.* 1722. 3 *vol in-*12.

282. Réflexions sur les défauts d'autrui , par l'Abbé de Villiers. *Paris* , 1734. 2 *vol. in-*12.

283. Traité du jeu par J. Barbeyrac. *Amst.* 1737. 3 *vol. in-*12. *v. f.*

V. ŒCONOMIE.

284. Essai sur l'Esprit humain , ou Principes naturels de l'Education , par Morelly. *Paris* , 1743. *in-*12.

285. De l'Education des enfans , trad. de l'Anglois de Locke par Coste. *Amst.* (*Rouen*) 1737. 2 *tom. en un vol. in-*12. *v. f.*

286. Avis d'une mere à son fils & à sa fille , par Me Lambert. *Paris* , 1729. *in-*12.

287. De l'Education des filles , par M. de Fenelon. *Paris* , 1729. *in-*12. *v. f.*

288. And. Rutcovii Creticæ , id est de modis acquirendi , Libri 2. *Amst. apud Lud. Elzevirium* , 1650. *in-*12.

289. Vues d'un Citoyen , par M. de Chamousset. *Paris* , 1757. 2 *vol. in-*12. *br.*

VI. *POLITIQUE.*

290. Effais fur le génie & le caractere des Nations. *Bruxelles*, 1743. 3 *vol. in*-12.

291. Obfervations fur les Grecs, par M. l'Abbé Mably. *Geneve (Paris)*, 1749. *in*-12.

292. Effai fur la différence du nombre des hommes dans les tems anciens & modernes, traduit de l'Anglois de Wallace par M. de Joncourt. *Londres*, (*Paris*) 1754. *in*-8. *v. m.*

293. Confidérations fur les caufes de la grandeur des Romains & de leur décadence, par M. de Montefquieu. *Paris*, 1734. *in*-12.

294. Parallele des Romains & des François par rapport au Gouvernement. *Paris*, 1740. 2 *vol. in*-12.

295. Th. Mori Utopia. *Amft. apud Janffonium*, 1631. *in*-32. *m. v*

296. De optimo Reipublicæ ftatu de que nova Infula Utopia Libri 2. autore Thoma Moro. *Glafguæ*, *Foulis*, 1750. *in*-8. *pap. fin*, *v. f. d. s. t.*

297. Idée d'une République heureufe, ou l'Utopie de Th. Morus, traduit en François par Gueudeville. *Amft.* 1730. *in*-12. *fig.*

298. Arn. Clapmarius de Arcanis rerum publicarum. *Amft. apud Dan. Elzevirium*, 1641. *in*-12. *m. r.*

299. Henningi Arnifæi Doctrina politica. *Amft. apud Elzevirium*, 1643. *in*-12. *m. bl.*

300. Difcours fur le Gouvernement par Algernon Sidney, trad. de l'Anglois par Samfon. *La Haye*, 1702. 3 *vol. in*-12. *m. r.*

301. Du Gouvernement civil où l'on traite de l'origine, des fondemens de la nature, &c. traduit de l'Anglois de Locke. *Bruxelles (Paris)* 1754. *in*-12. *v. f.*

302. Réflexions hiftoriques & politiques fur les moyens dont les plus grands Princes & habiles Mi-niftres fe font fervis pour gouverner & augmenter leurs Etats. *Leyde*, 1739. *in-12. v. f.*

303. Les intérêts préfens & les prétentions des Puif-fances de l'Europe, avec le fupplément, par J. Rouffet. *La Haye*, 1736. *4 vol. in-4.*

304. Intérêts des Princes d'Allemagne, fous le nom d'Hippolitus à Lapide, par Joachim de Tranfée. *Freiftade*, 1712. *2 vol. in-12.*

305. { Nic. Machiavelli *Princeps. Urfellis*, 1600.
Vindiciæ contra Tyrannos, five de Principis in populum, populique in Principem legi-timâ poteftate, autore Steph. Junio Bruto. *Urfellis*, 1600. *in-12.*

306. Œuvres de Machiavel. *La Haye*, 1743. *6 vol. in-12.*

307. Jo. Marianæ de Rege & Regis Inftitutione Libri 3. ejufdem de ponderibus & menfuris. *Moguntiæ*, 1605. *in-8. m. r.*

308. Le Prince de Fra-Paolo. *Berlin (Paris)* 1751. *in-12. v. m.*

309. Maximes avec des exemples tirés de l'Hiftoire fainte & profane, ancienne & moderne, pour l'inftruction du Roi. *Bruxelles*, 1726. *2 vol. in-12. v. f.*

310. Morale des Princes, trad. de l'Italien du Comte J B. Comazzi. *La Haye (Paris)* 1754. *4 tom. en 2 vol. in-12. v. f.*

311. Lettres fur l'éducation des Princes avec une Let-tre de Milton, où il propofe une nouvelle maniere d'élever la jeuneffe d'Angleterre. *Paris*, 1746. *in-12. v. f.*

312. Lettres au Prince royal de Suede par M. le Comte de Teffin, trad. du Suédois. *Paris*, 1755. *2 tom. en un vol. in-12. v. f.*

313. L'homme de Cour, trad. de l'Espagnol de Balt. Gracian par Amelot de la Houssaie, avec des notes. *Paris*, 1684. *in-4. grand papier, m. r.*

314. Mémoires présentés au Duc d'Orléans, Régent de France, contenant les moyens de rendre ce royaume très-puissant. *Amst.* 1727. *2 tom. en un vol. in-12.*

315. Mahmoud le Gasnevide, hist. Orientale, par M. Melon. *Rotterdam*, 1730. *in-8.*

316. L'Observateur Hollandois. *La Haye*, (*Paris*) 1755. *& suiv. 34 cahiers. br.*

317. Histoire de la grande Crise de l'Europe, trad. de l'Anglois. *Londres*, 1743. *in-12.*

318. Le système politique de la Grande-Bretagne. *La Haye*, 1743. *in-12.*

319. Parallele de la conduite des Carthaginois à l'égard des Romains dans la seconde guerre Punique, avec la conduite de l'Angleterre à l'égard de la France, par M. l'Abbé Seran de la Tour. *Paris*, 1757, *in-12. br.*

320. Etat politique actuel de l'Angleterre. *Paris*, 1757. *23 part. br.*

321. Les Mœurs Angloises, ou appréciation des mœurs & des principes qui caractérisent actuellement la Nation Britannique. *La Haye*, 1758. *in-8. br.*

322. La voix libre de Citoyen, ou Observations sur le Gouvernement de Pologne. *Paris*, 1749. *in-8. v. ec.*

323. Ouvrages de Morale & de Politique de l'Abbé de Saint Pierre. *Rotterdam*, 1741. *18 vol. in 12.*

324. Annales politiques de Charles-Irenée Castel, abbé de S. Pierre. *Londres* (*Geneve*) 1757. *2 vol. in-8. br.*

325. Discours politiques de M. Hume, trad. de l'Anglois par M. l'Abbé le Blanc. *Dresde*, 1755. *2 vol. in-8. v. f. d. s. t.*

326. Effais politiques par M. le Marquis de ***. *Amft.* (*Paris*) 1756. 2 *vol. in-*12. *v. m.*

327. Le Czar Pierre premier en France, par M. Hubert le Blanc. *Amft.* 1741. 2 *vol. in-*12.

328. Teftament politique du Cardinal Duc de Richelieu. *Amft.* 1719. 2 *tom. en un vol. in-*12.

329. Teftament politique de J. B. Colbert. *Paris*, 1704. *in-*12.

330. Teftament politique du Marquis de Louvois. *Cologne*, 1695. *in-*12. *v. f.*

331. Teftament politique de Charles Duc de Lorraine & de Bar. *Lipfic*, 1696. *in-*12.

332. Teftament politique du Cardinal Jules Alberoni. *Laufanne*, 1753. *in-*12. *v. m.*

VII. *FINANCE ET COMMERCE.*

333. Traité des Finances & de la fauffe monnoie des Romains. *Paris*, 1740. *in-*12.

334. Le détail de la France. 1707. 2 *vol. in-*12.

335. Nouveau Traité des Elections contenant l'origine de la Taille, Aydes, Gabelles, &c. par Pierre Vieville. *Paris*, 1739. *in-*8. *v. f.*

336. Mémorial alphabétique des chofes concernant la Juftice, la Police & les Finances. *Paris*, 1724. *in-*8.

337. Mémorial alphabétique des chofes concernant la Juftice, la Police & les Finances de France fur le fait des Tailles. *Paris*, 1742. *in-*4.

338. Commentaire fur le fait des Aydes, par J. Henri Dubois. *Paris*, 1712. *in-*12.

339. Les Aydes de France & leur régie, par M. de Roquemont. *Paris*, 1728. *in-*12.

340. Hiftoire du Tarif de 1664. contenant l'origine de ce Tarif avec fes fixations, & celles qui ont eu
lieu

lieu avant & depuis, fur chaque marchandife, à la fortie, par M. Dufrefne de Francheville · *Paris*, 1746. 2 *vol. in-4. v. ec.*

341. Bail des Fermes royales-unies fait à Me. Jacques Forceville, le 16 Septembre 1738. *Paris de l'Impr. Royale*, 1739. *in-4.*

342. Recueil des Charges & Offices créés, réunis, fupprimés ou rétablis depuis le premier Janvier 1689. avec leurs gages, attributions & priviléges. 7 *vol. in fol. mff. très-bien écrits.*

343. Abrégé hiftorique des Papiers royaux, depuis l'année 1701. jufqu'à la majorité de Louis XV. & particuliérement des Billets de monnoie de l'Etat & de la Banque royale, enfemble des Actions de la Compagnie des Indes, & des Opérations du *vifa* de ces papiers. 2 *vol. in-fol. mff.*

344. Recueil des décifions, tant de MM. les Confeillers d'Etat, que de MM. de la Commiffion générale, fur les difficultés propofées au fujet de la liquidation des effets préfentés au *vifa*, en exécution de l'Arrêt du Confeil du 16 Janvier 1721. & fur les explications de ces difficultés, avec le Recueil des Inftructions, Arrêts & Réglemens concernant le *vifa* & la liquidation de ces effets. 3 *vol. in-fol. mff.*

345. Projet d'une dixme royale par M. de Vauban. 1708. *in-12. v. f.*

346. Hiftoire du fyftême des Finances. *La Haye*, 1739. 3 *vol. in-12. v. f.*

347. Confidérations fur le commerce & fur l'argent par Law, trad. de l'Anglois. *La Haye*, 1720. *in-12.*

348. Trois Lettres écrites par l'Abbé Teraffon fur le nouveau fyftême des Finances. *Paris*, 1720. *in-4.*

E

349. Essai historique sur les différentes situations de la France par rapport aux Finances sous le régne de Louis XIV. & la Régence du Duc d'Orléans, par M. Deon de Beaumont. *Amst.* (*Paris*) 1753. *in-12.*

350. Système d'un nouveau Gouvernement en France par de la Jonchere. *Amst.* 1720. 4 *tom. en* 1 *vol. in-12. v. f.*

351. Le Réformateur. *Amst.* (*Paris*) 1756. 2 *vol. in-12. br.*

352. Les intérêts de la France mal entendus. *Amst. Paris*, 1756. 3 *vol. in-12. v. m.*

353. Le Financier Citoyen. *Paris*, 1757. 2 *vol. in-12. br.*

354. Essai sur les probabilités de la durée de la vie humaine, d'où l'on déduit la maniere de déterminer les rentes viageres, tant simples qu'en tontines, par M. Deparcieux. *Paris*, 1746. *in-4.*

355. Jo. Guill. Pfennigk de rei Numariæ mutatione & augmento *Lipsiæ*, 1692. *in-12. v. f.*

56. Zeidleri Synopsis fiscologica. *Lugd. Batav.* 1701. *in-12. v. f.*

357. Traités des Monnoies par Henri Poullain. *Paris*, 1709. *in-12. v. f.*

358. Essai sur les monnoies, ou réflexions sur le rapport entre l'argent & les denrées. *Paris*, 1746. *in-4. v. f.*

359. Traites sur le commerce, & sur les avantages qui résultent de la réduction de l'intérêt de l'argent, par Josias Child. Plus un Traité contre l'usure par Thom. Culpeper. *Paris*, 1754. *in-12. v. m.*

360. Discours pour & contre la réduction de l'intérêt de l'argent, traduit de l'Anglois. *Paris*, 1757. 3 *part. br.*

361. Histoire du commerce & de la navigation des Anciens par Huet. *Paris*, 1727. *in-12. v. f.*

362. Histoire de la Navigation, son commencement, son progrès & ses découvertes jusqu'à présent, trad. de l'Anglois : le commerce des Indes Occidentales, &c. *Paris*, 1722. 2 *vol. in-12.*

363. Traité du Commerce, traduit de l'Anglois de Th. Mun par le Vasseur. *Paris*, 1674. *in-12.*

364. Essai politique sur le Commerce & sur les Finances, par J. Fr. Melon. (*Paris*) 1736. *in-12.*

365. Réflexions politiques sur les Finances & le Commerce, par Dutot. *La Haye*, (*Paris*) 1738. 2 *vol. in-12.*

366. Examen du Livre précédent par M. Deschamps. *La Haye*, (*Paris*) 1740. 2 *vol. in-12.*

367. Essai sur la Marine & sur le Commerce (par M. Deslandes). *Paris*, 1743. *in-8. v. f.*

368. Marchionis Hier. Belloni de Commercio Dissertatio Ital. & Lat. *Romæ*, 1750. *in-fol.*

369. Elemens du Commerce par M. Veron de Fourbonnois. *Paris*, 1754. 2 *vol. in-12.*

370. Essai sur la nature du Commerce en général, trad. de l'Anglois par M. Cantillon. *Londres* (*Paris*) 1755. *in-12. v. m.*

371. La Science des Négocians & Teneurs de Livres, par de la Porte. *Paris*, 1714. *in-8. oblong.*

372. Abrégé méthodique des Changes étrangers par Irson. *Paris*, 1694. *in-12.*

373. Traités des Négociations de Banque & des Monnoies étrangeres par M. Damoreau. *Paris* 1717. *in-4.*

374. Dictionnaire universel du Commerce par Savary. *Paris* 1748. 3 *vol. in-fol. v. e.*

375. Dissertations sur l'état du Commerce en France sous les Rois de la premiere & seconde Race, par M. l'Abbé Carlier. *Amiens*, 1753. *in-12.*

376. Hiftoire de la Compagnie des Indes, avec les titres de fes conceffions & priviléges, par M. du Frefne de Francheville. *Paris*, 1746. *in-4.*

377. Effai fur les intérêts du Commerce maritime, par M. d'Héguerty. *La Haye*, (*Paris*) 1754. *in-12.*

378. Remarques fur les avantages & les défavantages de la France & de la Grande-Bretagne par rapport au Commerce, trad. de l'Anglois de J. Nickolls par M. Plumard d'Angeulle. *Leyde* (*Paris*), 1754. *in-12. v. m.*

379. Conduite des François par rapport à la nouvelle Ecoffe, traduit de l'Anglois. (*Paris*), 1755. *in-12. br.*

380. La conduite des François juftifiée. *Paris*, 1756. *in-12. br.*

381. Examen des avantages & des défavantages de la prohibition des toiles peintes. *Marfeille* (*Paris*), 1755. *in-12. br.*

382. Queftions fur le Commerce des François au Levant. (*Paris*) 1755. *in-12. br.*

383. Remarques fur plufieurs branches de Commerce & de Navigation. (*Paris*) 1757. 2 *part. in-12. br.*

384. Recueil des réglemens généraux & particuliers concernant les Manufactures & Fabriques du Royaume. *Paris*, *de l'Imprimerie Royale*, 1730. 4 *vol. in-4..v. ec.*

385. La Nobleffe commerçante, par M. l'Abbé Coyer. *Paris*, 1756. *in-12. br.*

386. Développement & défenfe du fyftème de la Nobleffe commerçante, par M. l'Abbé Coyer. *Paris*, 1757. 2 *part. in-12. br.*

387. La Nobleffe militaire, par M. le Chevalier d'Arcq. (*Paris*) 1756. *in-12. br.*

388. La Nobleſſe militaire & commerçante. *Paris*, 1756. *in-12. br.*

389. Conſidér tions ſur le Commerce & la Navigation de la Grande-Bretagne, trad. de l'Anglois de Joshua Gee par M. Secondat de Monteſquieu. *Londres*, (*Paris*) 1749. *in-12.*

391. Le Négotiant Anglois, trad. libre par M. Veron de Fourbonnois. *Paris*, 1753. 2 *vol. in-12.*

390. Hiſtoire & Commerce des Colonies Angloiſes dans l'Amérique ſeptentrionale, par M. Buttel Dumont. *Paris*, 1755. *in-12. v. m.*

392. Eſſai ſur l'Etat du Commerce d'Angleterre, par M. Buttel Dumont. *Londres* (*Paris*) 1755. 2 *vol. in-12. v. m.*

393. Queſtions importantes ſur le Commerce, trad. de l'Anglois de Joſias Tucker. (*Paris*) 1755. *in-12. br.*

394. Le grand Tréſor hiſtorique & politique du floriſſant Commerce des Hollandois. *Paris*, 1714. *in-12.*

395. Le Négoce d'Amſterdam, par J. P. Ricard. *Rouen*, 1723. *in-4.*

396. Théorie & Pratique du Commerce & de la Marine, trad. libre ſur l'Eſpagnol de Don Geronymo de Uſtariz, par M. Veron de Fourbonnois. *Paris*, 1753. *in-4.*

397. Conſidérations ſur les Finances d'Eſpagne, par M. Veron de Fourbonnois. *Paris*, 1753. *in-12.*

398. —— Les mêmes augmentées. *Paris*, 1755. *in-12.*

399. Rétabliſſement des Manufactures & du Commerce d'Eſpagne, trad. de l'Eſpagnol de D. Bernardo de Ulloa, par M. Plumard d'Angeulle. *Paris*, 1753. *in-12.*

400. Eſſai de l'Hiſtoire du Commerce de Veniſe. *Paris*, 1729. *in-12. m. r.*

VIII. *M E T A P H Y S I Q U E.*

401. Essai sur l'origine des connoissances humaines , par M. l'Abbé de Condillac. *Amst.* (*Paris*) 1746. 2 *vol. in-*12. *v. ec.*

402. Essai philosophique concernant l'entendement humain , par Locke , trad. de l'Anglois par Coste. *Amst.* 1735. *in-*4.

403. Abregé de l'Essai de Locke sur l'entendement humain , trad. de l'Anglois par M. Bosset. *Geneve* , 1738. *in-*8.

404. De la recherche de la vérité , par le P. Malebranche. *Paris* , 1712. 4 *vol. in-*12.

405. Histoire naturelle de l'ame , trad. de l'Anglois de M. Charp. *La Haye* , 1745. *in-*8. *m. r.*

406. Principes de la Philosophie morale , ou Essai de Milord Shaffbury sur le mérite & la vertu , avec des réflexions , par M. Diderot. *Amst.* (*Paris*) 1745. *in-*12.

407. Pensées diverses. *La Haye* , (*Paris*) 1746. *in-*12. *m. r.*

408. Lettres sur les aveugles , à l'usage de ceux qui voyent , par M. Diderot. *Londres* , (*Paris*) 1749. *in-*12.

409. Lettre sur les sourds & muets , à l'usage de ceux qui entendent & qui parlent , par M. Diderot. *Paris* , 1751. *in-*12. *v. f.*

410. Pensées sur l'interprétation de la Nature , par M. Diderot. *Paris* , 1754. *in-*12. *v. m.*

411. De viribus imaginationis Tractatus , autore Th. Fieno. *Amst.* 1658. *in-*12.

412. Lettres sur le pouvoir de l'imagination des femmes enceintes. *Paris* , 1745. *in-*12.

413. Essai historique & philosophique sur le goût, par Cartaut de la Vilatte. *Amst.* (*Paris*) 1736. *in-*12.

414. Traité du Beau, par de Crouzaz. *Amst.* 1724. 2 *vol. in-*12.

415. Henr. Corn. Agrippæ Opera. *Lugduni, apud Beringos fratres*, 2 *vol. in-*8.

416. Le Monde enchanté par Balthasar Bekker, avec le Traité histor. des Dieux & des Démons. *Amst.* (*Trevoux*) 1694. 7 *vol. in-*12.

417. De la haine de Satan & malins esprits contre l'homme, & de l'homme contre eux, par le P. Crespet. *Paris*, 1590. *in-*8. *v. f.*

418. Traité des Anges & Démons, du P. Maldonat. *Rouen*, 1619. *in-*12.

419. Dissertations sur les apparitions des Anges, des Démons & des Esprits, & sur les Revenans & Vampires, par le P. D. Aug. Calmet. *Paris*, 1746. *in-*12.

420. Recueil de Dissertations anciennes & nouvelles sur les apparitions, les visions & les songes. *Paris*, 4 *vol. in-*12.

421. Traité historique & dogmatique sur les apparitions, les visions, &c. par l'Abbé Lenglet. *Paris*, 1751. 2 *vol. in-*12. *v. f.*

422. { Flagellum Dæmonum, autore Hieronymo Mengo. *Venetiis*, 1644.
{ —— Ejusdem fustis Dæmonum. *Ibid.* 1644. *in-*8.

423. Malleus maleficarum. *Lugduni*, 1669. 4 *tom. en* 2 *vol. in-*4.

424. Histoire des Diables de Loudun, ou de la possession des Religieuses Ursulines, & de la condamnation & du supplice d'Urbain Grandier. *Amst.* 1716. *in-*12.

425. Examen & difcuſſion hiſtorique de l'Hiſtoire des Diables de Loudun , par M. de la Menardaye. *Liege* , 1749. *in-12. br.*

426. Le Comte de Gabalis , ou Entretiens ſur les ſciences ſecretes, par l'Abbé de Villars. *Cologne* , 1708. *2 vol. in-12.*

427. Les génies aſſiſtans & gnomes irréconciliables. *La Haye* , 1718. *in 12.*

428. La Phyſique occulte , ou Traité de la Baguette divinatoire , par de Vallemont. *Paris* , 1709. *in-12. fig.*

429. Enchiridion Leonis Papæ. *Moguntiæ* , 1633. *in-16. d. s. t.*

IX. *P H Y S I Q U E.*

430. Deux Diſcours de la nature du Monde , & de ſes parties , par Pontus de Tyard. *Paris* , 1578. *in-4.*

431. Traité de Phyſique par Jacques Rohault. *Paris* , 1671. *2 vol. in-4.*

432. Jo. Woodwardi naturalis Hiſtoria telluris. *Londini* , 1714. *in-8.*

433. Géographie Phyſique , ou Eſſai ſur l'Hiſtoire naturelle de la Terre, trad. de l'Anglois de Woodward par Noguez. *Paris* , 1735. *in-4.*

434. Inſtitutions de Phyſique , par la Marquiſe du Châſtelet. *Paris* , 1740. *in-8. fig.*

435. Teliamed ou Entretiens d'un Philoſophe Indien avec un Miſſionnaire François , ſur la diminution de la Mer , la formation de la Terre , &c. mis en ordre ſur les Mémoires de M. de Maillet. *Amſt.* (*Paris*) 1748. *2 tom. en un vol. in 12.*

436. Nouvelles vûes ſur le ſyſtême de l'Univers. *Paris,* 1751. *in 8. v. f.*

437. Hiſtoire des anciennes révolutions du Globe terreſtre, avec une relation des tremblemens de terre arrivés ſur notre Globe. *Paris*, 1752. *in-12. fig.*

438. Hiſtoire du Mont Veſuve, trad. de l'Italien par Duperron de Caſtera. *Paris*, 1741. *in-12. fig.*

439. Diſſertation ſur la nature & la propagation du feu, par la Marquiſe du Chaſtelet. *Paris*, 1744. *in-8.*

440. Traité des ſens par M. le Cat. *Amſt.* 1744. *in 8. fig.*

441. Traité des ſenſations, par M. l'Abbé de Condillac. *Paris*, 1754. *2 vol. in-12. v. m.*

442. Expériences de Phyſique de Pierre Poliniere. *Paris*, 1718. *in-12. fig.*

443. Entretiens phyſiques du P. Regnault. *Paris*, 1729. *3 vol. in-12. fig.*

444. Leçons de Phyſique de Joſeph-Privat de Molieres. *Paris*, 1734. *4 vol. in-12. fig.*

445. Leçons de Phyſique expérimentale, trad. de l'Anglois de M. Côtes. *Paris*, 1742. *in-8. fig.*

446. Leçons de Phyſique expérimentale, par M. l'Abbé Nollet. *Paris*, 1743. *3 vol. in-12. fig.*

447. Elemens de la Philoſophie moderne, par P. Maſſuet. *Amſt.* 1752. *2 vol. in-12 v. m. fig.*

448. La Statique des végétaux & l'analyſe de l'air, par Hales, trad. de l'Anglois par M. de Buffons. *Paris*, 1735. *in-4. fig. v. f.*

449. Hœmaſtatique ou la Statique des animaux. Expériences hydrauliques faites ſur des animaux vivans, par Et. Hales, trad. de l'Anglois par M. de Sauvages. *Geneve*, 1744. *in-4. fig.*

450. Hiſtoire générale & particuliere de l'Electricité. *Paris*, 1752. *3 vol. in-12.*

F

451. Essai sur l'Electricité des corps, par M. l'Abbé Nollet. *Paris*, 1746. *in-12. fig. v. m.*

452. Recueil de Traités sur l'Electricité, traduit de l'Allemand & de l'Anglois. *Paris*, 1748. *3 part. en un vol. in-12. fig.*

453. Expériences & observations sur l'Electricité faites à Philadelphie, par M. Flanklin. *Paris*, 1752. *in-8. fig.*

454. Recueil de différens Traités de Physique & d'Histoire naturelle, par M. Deslandes. *Paris*, 1750. *3 vol. in 12. fig.*

455. Bibliothèque de Physique & d'Histoire naturelle. *Paris* 1757. *5 vol. in-12. br.*

X. *Histoire naturelle universelle ; des métaux, minéraux, &c.*

456. C. Plinii secundi Historia naturalis. *Lugd. Batav. ex officina Elzeviriana*, 1635. *3 vol. in-12. m. c.*

457. C. Plinii secundi naturalis Historia, cum notis variorum. *Lugd. Batav. apud Hackios*, 1669. *3 vol. in 8.*

458. C. Plinii secundi naturalis Historiæ Libri 37. Interpretatione & notis illustravit Jo. Harduinus in usum Delphini. *Parisiis*, 1685. *5 vol. in-4.*

459. Le Spectacle de la Nature, par M. l'Abbé Pluche. *Paris*, 1741. *7 vol. in-12. fig. v. ec.*

460. Histoire naturelle générale & particuliere, avec la description du cabinet du roy, par MM. de Buffon & d'Aubenton. *Paris, de l'Impr. Royale*, 1749. *& suiv. 6 vol. in-4. fig.*

461. Lettres à un Américain sur l'Histoire naturelle de M. de Buffon. *Hambourg*, 1751. *5 vol. in-12.*

462. Levini Lemnii occulta Naturæ miracula. *Antuer-*
piæ, 1567. *in-*8.

463. Julii obfequentis de prodigiis Liber cum notis
Jo. Schefferi. *Amft.* 1679. *in-*12.

464. Anatomia & contemplatio nonnullorum Naturæ
invifibilium fecretorum comprehenforum Epiftolis
Antonii de Leeuwenhoeck. *Lugd. Batav.* 1685.
*in-*4.

465. Athanafii Kircheri mundus fubterraneus. *Amft.*
1665. 2 *tom. en un vol. in fol. fig.*

466. Traité de l'Art métallique, extrait des Oeuvres
d'Alvare-Alfonfe Barba. *Paris*, 1730. *in-*12. *fig.*

467. Mich. Mercati Metallotheca. *Romæ*, 1719.
in fol. fig. v. f.

468. De la fonte des mines, des fonderies, &c.
trad. de l'Allemand de Schlutter, par M. Hellot.
Paris, 1750. & 1753. 2 *vol. in-*4. *fig. v. f.*

469. Mineralogie, ou defcription générale des fubf-
tances du régne minéral, par J. Goftchalk Wale-
rius, trad. en Fr. par M. le Baron d'Olbach. *Paris*,
1753. 2 *vol. in-*8. *fig. v. m.*

470. Lettres fur la mineralogie & la metallurgie
pratiques, traduites de l'Anglois. *Paris*, 1752.
*in-*12. *v. ec.*

471. Nouvelles idées fur la formation des foffilles.
Paris, 1751. *in* 12 *v. m.*

472. Traité des pétrifications. *Paris*, 1742. *in-*4. *fig.*

473. L'Hiftoire naturelle éclaircie dans deux de fes
parties principales, la Lithologie & la Conchylio-
logie, par M. d'Argenville. *Paris*, 1742. *in-*4. *fig.*
v. m. d. s. t.

474. Gemmarum & lapidum Hiftoria, autore de Boot.
Lugd. Batav 1636. *in-*8.

475. Hiftoire Phyfique de la Mer, par le Comte de
Marfilli. *Amft.* 1725. *in-fol. fig. v. f.*

XI. *Histoire naturelle Botanique. Traités d'agriculture, & choses rustiques.*

476. Geoponicorum, sive de re rusticâ, Libri 20. Gr. & Lat. ex edit. P. Needham. *Cantabrigiæ,* 1704. *in* 8.

477. Scriptores rei rusticæ veteres Latini, Cato, Varro, Columella, Palladius, &c. cum notis varior. curante Jo. Matthia Gesnero. *Lipsiæ,* 1735. 2 *vol. in-*4. *fig. v. m.*

478. L'Agriculture parfaite, ou nouvelle découverte touchant la culture & la multiplication des arbres, des arbustes & des fleurs, par Agricola. *Amst.* 1720. 2 *tom. en un vol. in-*8. *fig.*

479. Instruction pour les jardins fruitiers & potagers, par M. de la Quintynie. *Paris,* 1739. 2 *vol. in-*4. *fig.*

480. La théorie & la pratique du jardinage, par Alex. le Blond. *Paris,* 1722. *in-*4. *fig.*

481. La théorie & la pratique du jardinage, par M. Dezaliers d'Argenville. *Paris,* 1747. *in-*4. *fig. v. f.*

482. Traité de la culture des terres suivant les principes de M. Tull, par M. Duhamel du Monceau. *Paris,* 1753. 4 *vol. in-*12. *fig.*

483. Traité de la conservation des grains, & en particulier du froment, par M. Duhamel du Monceau. *Paris,* 1753. *in-*12. *fig.*

484. Essai sur la Police générale des grains, par M. Herbert. (*Paris*) 1755. *in-*12. *br.*

485. Observations sur divers moyens de soutenir & d'encourager l'agriculture. (*Paris*) 1756. 2 *vol. in-*12. *br.*

486. Instructions sur la maniere d'élever & de per-

fectionner les bêtes à laine, trad. du Suédois de Frederic Haftfer. *Paris*, 1756. *2 part. br.*

487. Journal œconomique commençant en Janvier 1751. jufques & compris Décembre 1757. 28 *vol.* *in-12.*

488. Curiofités de la Nature & de l'Art, par l'Abbé de Vallemont. *Paris*, 1705. *in-12. fig.*

489. Traité des arbres & arbuftes qui fe cultivent en France en pleine terre, par M. Duhamel du Monceaü. *Paris*, 1755. *2 vol. in-4. fig. v. é.*

490. Herbarium Amboinenfe, autore Georg. Everhard Rumphio. *Amfterd.* 1741. & 1747. *6 vol.* *in-fol.*

491. Jo. Burmanni Thefaurus Zeylanicus exhibens plantas in Infula Zeylana nafcentes. *Amft.* 1737. *in 4. fig. v. m.*

492. Differtatio fatyrica Phyfico-medica-moralis de pica nafi, five Tabaci fternutatorii moderno abufu & noxa, autore J. Henr. Cohaufen. *Amft.* 1716. *in-12.*

XII. *Hiftoire naturelle des animaux.*

493. Th. Willis de animâ Brutorum quæ hominis vitalis ac fenfitiva eft, Exercitationes duæ. *Londini*, 1672. *in 4. fig.*

494. Effai philofophique fur l'ame des bêtes, où l'on traite de fon exiftence & de fa nature. *Amft.* 1728. *in-12.*

495. Traité des Animaux, par M. l'Abbé de Condillac. *Paris*, 1752. *in-12. v. m.*

496. Æliani de naturâ animalium Libri XVII. Gr. & Lat. cum notis diverf. curante Gronovio. *Londini*, 1744. *2 vol. in-4. v. ec.*

497. Theatrum universale omnium animalium C. C. LX. Tabulis ornatum curâ Henrici Ruyfch. *Amft.* 1718. 2 *vol. in-fol. fig.*

498. Georg. Everhardi Rumphii Thefaurus Imaginum Pifcium Teftaceorum. *Lugd. Batav.* 1711. *in-fol. fig.*

499. Mémoires pour fervir à l'Hiftoire des Infectes, par M. de Reaumur. *Paris, de l'Imprimerie royale,* 1734. 6 *vol. in-4. fig.*

500. Recherches fur l'origine, la formation, le développement, la ftructure des diverfes efpéces de vers à tuyau qui infectent les vaiffeaux, les digues, &c. par Maffuet. *Amfterdam,* 1733. *in* 12. *fig.*

501. Effai fur l'Hiftoire naturelle du Polype, infecte, par Henri Baker, trad. de l'Anglois par M. Demours. *Paris,* 1744. *in-*12. *fig.*

502. Mémoires pour fervir à l'hiftoire d'un genre de Polypes d'eau-douce, par M. Tremblay. *Paris,*1744. 2 *vol. in* 12. *fig.*

503. Traité d'infectologie, ou obfervations fur les Pucerons, par M. Ch. Bonnet. *Paris,* 1745. 2 *vol. in-* 12. *fig.*

XIII. *Mélanges d'Hiftoire naturelle.*

504. Albertus Magnus de fecretis mulierum. *Amft.* 1655. *in* 12.

505. Joco feriorum Naturæ & Artis, five magiæ naturalis Centuriæ tres, acceffit Athanafii Kircheri diatribe de prodigiofis crucibus. *in-*4.

MEDECINE.

506. Histoire de la Médecine depuis Galien jusqu'au seiziéme siécle , trad. de l'Anglois de Freind. *Paris*, 1728. *in-4. v. f.*

507. Etat de la Médecine ancienne & moderne , par Clifton , traduit de l'Anglois. *Paris* , 1742. *in-12.*

508. Dictionnaire universel de Médecine , trad. de l'Anglois de James par MM. Diderot , Eidous & Toussaint. *Paris*, 1746. *6 vol. in-fol.*

509. Hippocratis Opera omnia Gr. & Lat. ex edit. J. Ant. Vander Linden. *Lugd. Batav. apud Dan. Gaasbeeck*, 1665. *2 vol. in-8. vel.*

510. Les Oeuvres d'Hippocrate avec des remarques , trad. en François par Dacier. *Paris*, 1697. *2 vol. in-12.*

511. Aphorismi Hippocratis ex recognitione Vorstii. *Lugd. Batav. apud Gaesbekios*, *in-32. m. r.*

512. Aretæi Cappadocis Libri septem à Junio Paulo Crasso in Lat. sermonem versi , &c. *Venetiis apud Juntas*, 1552. *in-4.*

513. Corn. Celsi de Medicinâ Libri 8. ex recognitione Jo. Antonidæ Vander-Linden. *Lugd. Batav. apud Elzevirium* , 1657. *in-12. m. r.*

514. Ars Sanctorii Sanctorii de statica medicina , accessit staticomastix , autore Hippolito Obicio. *Lugd. Batav.* 1713. *in-16. v. f.*

515. Schola Salernitana , sive de conservandâ valetudine Præcepta metrica, autore Joanne Mediolano. *Roterodami* , 1667. *in-16. v. ec.*

516. L'Ecole de Salerne en vers burlesques , & Poëma Macaronicum de bello Huguenotico. *Paris*, 1653. *in-4.*

517. Essai des effets de l'air sur le corps humain, par Arbuthnot. trad. de l'Anglois. *Paris*, 1742. *in-12.*

518. Médecine de l'Esprit, par Ant. le Camus. *Paris*, 1753. *2 vol. in-12. v. m.*

519. Th. Feltmanni Tractatus de somno, Opus posthumum. *Bremæ*, 1711. *in-8. v. f.*

520. Traité des Eunuques par Dolincan. *Paris*, 1707. *in-12.*

521. Apicii Cælii de opsoniis & condimentis, sive arte coquinaria Libri X. cum notis Martini Lister & varior. *Amst. apud Waesbergios*, 1709. *in-8.*

522. Essai sur la nature & le choix des alimens, par Arbuthnot, traduit de l'Anglois. *Paris*, 1741. *in-12.*

523. La Médecine, la Chirurgie & la Pharmacie des pauvres, par Hecquet. *Paris*, 1742. 3 *vol. in-12.*

524. Traité des maladies les plus fréquentes, & des remédes propres à les guérir, par M. Helvetius. *Paris*, 1727. *2 vol. in-12. fig. v. f.*

525. La Médecine raisonnée d'Hoffman, trad. par M. Bruhier. *Paris*, 1739. 9 *vol. in-12.*

526. Traité de la matiere médicale par M. Geoffroy, trad. en François par M***. *Paris*, 1743. 7 *vol. in-12.*

527. Bibliothéque choisie de Médecine, par Planque. *Paris*, 1748. 2 *vol. in-4. fig. m. r.*

528. Abregé de la Médecine pratique, ou nouvelle Pharmacopée, trad. de l'Anglois. *Paris*, 1753. *in-12.*

529. De la génération des vers dans le corps de l'homme, par Andry. *Paris*, 1718. *in-12.*

530.

530. Recueil d'expériences & d'observations sur la pierre, & en particulier sur les effets des remédes de Mademoiselle Stephens. *Paris*, 1740. 2 *vol. in*-12.

531. Traités des pierres qui s'engendrent dans les terres & dans les animaux, par Nicol. Venette. *Paris*, 1701. *in*-12. *fig.*

532. Nouveau Traité des maladies des yeux, par de Saint-Yves. *Paris*, 1722. *in*-12. *m. r.*

533. Diſſertation ſur les vapeurs & les pertes de ſang, par P. Hunauld. *Paris*, 1756. *in*-12.

534. De morbis venereis Libri 9. autore Jo. Aſtruc. *Pariſiis*, 1740. 2 *vol. in*-4.

535. Traité des maladies vénériennes, trad. du Latin de M. Aſtruc. *Paris*, 1740. 3 *vol. in*-12.

536. { Recueil de Piéces concernant l'inoculation de la petite vérole. *Paris*, 1756.
Mémoire ſur l'inoculation de la petite vérole, par M. de la Condamine. *Paris*, 1754. *in*-12. *v. m.*

537. Hiſtoire de l'inappetence d'un enfant de Vauprofonde, de ſon déſiſtement de boire & de manger quatre ans onze mois, & de ſa mort, par Simeon de Provencheres. *Sens*, 1616. *in*-8. *v. f.*

538. Le brigandage de la Médecine. *Utrecht* 1732. 3 *vol. in*-12.

539. Statuts de la Faculté de Médecine en l'Univerſité de Paris. *Paris*, 1672. *in*-4.

540. Lei King, des artéres. Ouvrage Chinois, *in fol.*

Anatomie, Chirurgie, Pharmacie, Chymie & Alchymie.

541. Anatomia corporum humanorum centum & viginti Tabulis illustrata, explicata & aucta à Guill. Cowper. *Ultrajecti*, 1750. *in-fol. gr. pap. fig. v. m.*

542. Nouvelle Anatomie de l'homme, par Dionis. *Paris*, 1696. *in-8. fig.*

543. De la génération de l'homme, ou Tableau de l'amour conjugal, par M. Venette. *Cologne*, 1716. *in-12. fig.*

544. Mémoires de l'Académie royale de Chirurgie. *Paris*, 1742. *2 vol. in-4.*

545. Dictionnaire ou Traité universel des drogues simples, par Nic. Lemery. *Amst.* 1716. *in-4. fig.*

546. Art de la Verrérie de Nerry, Merret & Kunckel, auquel on a joint le Sol fine veste d'Orschail, &c. trad. de l'Allemand par M. le Baron d'Olbach. *Paris*, 1752. *in-4. fig. v. ec.*

547. L'Art de la teinture des laines, par M. Hellot. *Paris*, 1750. *in-12. v. ec.*

548. Elemens de Chymie par Herman Boerhaave, trad. du Latin par M. Allamand. *Amst.* 1752. *2 vol. in-8. fig. v. m.*

549. Lithogeognosie ou Examen chymique des pierres & des terres en général, par M. J. Pott. trad. de l'Allemand. *Paris*, 1753. *2 vol. in-12.*

550. Lettres philosophiques sur la formation des sels & des cryftaux, & sur la génération & le méchanisme organique des plantes & des animaux, par M. Bourguet. *Amst.* 1729. *in-12. fig. v. ec.*

MATHEMATIQUES.

551. Elemens des Mathématiques, par le P. Lamy. *Paris*, 1704. *in* 12.

552. Récréations Mathématiques & Physiques, par Ozanam. *Paris*, 1752. 4 *vol. in-*8.

553. La figure de la Terre, déterminée par les observations de MM. Bouguer & de la Condamine, avec une relation abregée du voyage au Pérou, par M. Bouguer. *Paris*, 1749. *in* 4. *fig. v. m.*

554. { Mesure des trois premiers dégrés du Méridien dans l'hémisphere austral, par M. de la Condamine. *Paris de l'Impr. Royale*, 1751. *in-*4,
Journal du voyage fait par ordre du Roi à l'Equateur, par M. de la Condamine. *Paris, de l'Imprimerie Royale*, *in* 4. *fig.*

555. { Examen désintéressé des différens Ouvrages qui ont été faits pour déterminer la figure de la Terre. 1738.
Amusement philosophique sur le langage des bêtes, par le P. Bougeant. *Paris*, 1739. *in-*12.

556. Histoire de l'Académie royale des Sciences, avec les Mémoires de Mathématiques & de Physique, & les éloges des Académiciens depuis son établissement en 1699. jusqu'à 1751. avec les Tables. *Paris*, 1702. & *suiv. de l'Impr. royale*, 78 *vol. in-*4. *v. f.*

557. Jugement de l'Académie royale des Sciences de Prusse sur une Lettre prétendue de M. de Leibnitz. 1752. *in-*12.

557. * Lettres concernant le jugement de l'Académie des Sciences de Prusse, & Apologie de M. de Maupertuis. *Paris*, 1753. *in-*12.

*Arithmétique , Algebre , Géométrie , Aftronomie
& Aftrologie : Optique , Mufique.*

558. Nouveaux Elemens d'Algebre , par Ozanam.
Amft. 1702. *in*-8.

559. Effai d'analyfe fur les Jeux d'hazard , par Mont-
mort. *Paris*, 1713. *in*-4. *v. f. fig.*

560. M. Manilii Aftronomicon , interpretatione &
notis ac fig. illuftravit Mich. Fayus in ufum Del-
phini. *Parifiis* , 1679. *in*-4. *v. ec.*

561. M. Manilii Aftronomicon ex recenfione & cum
notis Rich. Bentleii. *Londini* , 1739. *in*-4. *v. f.*

562. Chrift. Hugenii Cofmotheoros , five de terris
cœleftibus. *Hagæ Comitum* , 1698. *in*-4.

563. Aftronomie Phyfique , ou Principes généraux de
la Nature appliqués au Mécanifme Aftronomique ,
& comparés aux principes de la Philofophie de
Newton , par de Gamaches. *Paris* , 1740.
in 4. *fig.*

564. Ephemerides des mouvemens céleftes pour les
années 1715. jufqu'en 1735. par Defplaces 1716.
& 27. 2 *vol. in*-4.

565. La Théorie des Cometes , par M. le Monier.
Paris , 1743. *in*-8. *fig.*

⎧ Lettre fur la Comete , par M. de Maupertuis.
    Paris , 1742.
⎨ Critique de la Lettre fur la Comete. *Paris* ,
⎩ 1742. *in*-12. *m. r.*

567. Oeuvres de M. de Maupertuis. *Lyon* , 1756.
4 *vol. in*-8. *v. f. d. s. t.*

568. Almanachs royaux depuis 1742. jufqu'en 1757.
exclufivement. *in*-8.

569. Traité d'Optique , par Newton , trad. par Cofte.
Paris , 1722. *in*-4.

570. L'Optique des couleurs, par le P. Caftel. *Paris*, 1740. *in-*12.

571. Hiftoire de la Mufique & de fes effets, par Bonnet. *Amft.* 1725. 4 *tom. en* 2 *vol. in-*12.

572. Antiquæ Muficæ Autores feptem Gr. & Lat. ex recenfione & cum notis M. Meibomii. *Amft. apud Lud. Elzevirium*, 1652. 2 *vol. in·*4.

573. Dialogue fur la Mufique des Anciens, par l'Abbé de Châteauneuf. *Paris*, 1725. *in-*12. *fig.*

574. Méthode pour apprendre la Mufique, par Monteclair. *Paris*, 1709. *in-*4.

575. Génération harmonique, ou Traité de mufique théorique & pratique, par M. Rameau. *Paris*, 1737. *in·*8. *fig.*

576. Elemens de Mufique théorique & pratique, fuivant les principes de M. Rameau, par M. d'Alembert. *Paris*, 1752. *in·*8. *fig.*

577. Obfervations fur notre inftinct pour la Mufique & fur fon principe, par M. Rameau. *Paris*, 1754. *in-*8. *v. m.*

578. { Recueil de Piéces pour & contre la Mufique Françoife. Le petit Prophéte de Boehmifchbroda, Réponfe du Coin du Roi, la Guerre de l'Opera, Arrêt de l'Amphitéâtre, Lettre fur la Mufique Françoife, Réfutation de la Lettre, Examen de la Lettre, Apologie de la Mufique Françoife, Lettre à M. Rouffeau, Lettre fur l'état de l'Opera. *Paris*, 1753. *in-*8. *v. m.*

579. Motets de la Lande. *Paris*, 1729. 2 *vol. in fol.*

580. Proferpine, Tragédie mife en mufique par Lully. *Paris*, 1680. *in-fol.*

581. Bellerophon, Tragédie mife en mufique par Lully. *in-fol. mff.*

582. **Amadis**, Tragédie mise en musique par Lully. *Paris*, 1684. *in fol.*

583. Persée , Tragédie mise en musique par Lully. *in-fol. mss.*

584. Phaëton , Tragédie mise en musique par Lully. *Amst.* *in-fol.*

585. Phaëton , Tragédie mise en musique. *in-fol. manuscrit.*

586. Roland , Tragédie mise en musique par Lully. *Amst.* 1711. *in-fol.*

587. Atys , Tragédie mise en musique par Lully. *Paris,* 1720. *in-fol.*

588. Fragmens de Lully. Ballet. *Paris* , 1702. *in-4.*

589. Achille & Polixene , Tragédie mise en musique par Colasse. *Paris* , 1687. *in-fol.*

590. Thetis & Pelée , Tragédie en musique par Colasse. *Paris* 1716. *in-fol.*

591. Medée , Tragédie mise en musique par Charpentier. *Paris* , 1694 *in-fol.*

592. Cassandre , Tragédie mise en musique par Bouvard & Bertin. *Paris* , 1706. *in-fol.*

593. Semelé, Tragédie mise en musique par Marais. *Paris* , *in-4. gravée.*

594. Philomele , Tragédie mise en musique par la Coste. *Paris* , 1705. *in-4.*

595. Les Amours de Momus , ballet mis en musique par Desmarets. *Paris* , *in-4.*

596. Les Fêtes Grecques & Romaines , Ballet en musique par Collin de Blamont. *Paris* , 1723. *in-4.*

597. Le Carnaval de Venise , Ballet mis en musique par Campra. *Paris*, 1699. *in-4.*

598. Le même *in-4.*

599. Arethuse , Ballet mis en musique par Campra. *Paris* , 1701. *in-4.*

600. Tancrede, Tragédie mise en musique par Campra. *Paris*, 1702. *in* 4.

601. Iphigenie en Tauride, Tragédie mise en musique par Desmarets & Campra. *Paris*, 1710. *in-4*.

602. Les Fêtes Venitiennes, Ballet mis en musique par Campra. *Paris*, 1714. *in-4*.

603. L'Europe galante, Ballet mis en musique par Campra. *Amst. in* 4.

604. Jephté, Tragédie mise en musique par Monteclair. *Paris*, 1732. *in-fol.*

605. Omphale, Tragédie en musique, par Destouches. *Paris*, 1701. *in-4*.

606. Issé, Pastorale héroïque en musique, par Destouches. *Paris*, 1708. *in-4*.

607. Le Carnaval & la Folie, Comédie Ballet mis en musique par Destouches. *Paris*, *in* 4.

608. Callirhoé, Tragédie mise en musique par Destouches. *Paris*, 1712. *in-4*.

609. Les Elemens, Ballet en musique par Lalande & Destouches. *Paris*, 1725. *in-4*.

610. Les Fêtes de Thalie, Ballet en musique, par Mouret. *Paris*, 1720. *in* 4.

611. Le triomphe des sens, Ballet héroïque mis en musique par Mouret. *Paris*, 1732. *in* 4.

612. Pirame & Thisbé, Tragédie mise en musique par MM. Rebel & Francœur. *Paris*, 1726. *in-4*.

613. Les Indes galantes, Ballet mis en musique par M. Rameau. *Paris*, *in* 4.

614. Zaïs, Ballet héroïque, mis en musique par M. Rameau. *Paris*, 1748. *in* 4

615. Platée, Comédie Ballet, mise en musique par M. Rameau. *Paris*, 1749. *in* 4.

616. Zaïde, Ballet héroïque, mis en musique par Royer. *Paris*, 1739. *in-fol.*

617. Ifbé, Paftorale héroïque, mife en mufique par M. Mondonville. *Paris, in fol.*

618. Recueil d'airs de de Bouffet. *Paris, 1696, in-4.*

619. Cantates Françoifes de Bernier, *Paris, 3 vol. in fol.*

620. Cantates Françoifes, par M..... *2 vol. in fol.*

621. Cantates Françoifes par Clerambault. *Paris, 1716. 2 vol. in-fol.*

622. Piéces de viole compofées par Marais. *Paris, 1711. in 4.*

I. *SCIENCES ET ARTS.*

623. Les Beaux Arts réduits à un même principe, par M. l'Abbé le Batteux. *Paris, 1746. in-8.*

624. L'Efprit des beaux Arts. *Paris, 1753. 2 vol. in-12.*

625. Confidérations fur la révolution des Arts. *Paris, 1755. in-12. v. m.*

626. Encyclopedie, ou Dictionnaire raifonné des Sciences, des Arts & des Métiers, par une Société de Gens de Lettres, mis en ordre & publié par MM. Diderot & d'Alembert. *Paris, le Breton, 1751. 6 vol. in-fol. v. m. avec la foufcription.*

II. *Art de la Mémoire.*

627. Nouveau Traité de la Mémoire, par de Billy. *Paris, 1708. in-12. v. ec.*

III. *Art de l'Imprimerie.*

628. Epreuve du premier Alphabet droit & penché ; ornée de quadres & de cartouches gravés par ordre du Roi pour l'Imprimerie royale , par Louis Luce. *in* 32.

629. Modéles des Caractéres de l'Imprimerie nouv. gravés par Simon-Pierre Fournier le jeune. *Paris* , 1742. *in-4. oblong v. f.*

630. Epreuves générales des Caracteres qui se trouvent chez Cl. Lamesle. *Paris* , 1742. *in-4. v. f.*

IV. *Dessein , Peinture , Sculpture & Gravure.*

631. Les régles du Dessein & du Lavis , par Buchotte. *Paris* , 1722. *in-8. fig.*

632. Traité de la Peinture de Leonard de Vinci , trad. en François par de Chambray. *Paris* , 1651. *in-fol. fig.*

633. Conversations sur la connoissance de la Peinture & sur le jugement qu'on doit faire des Tableaux. *Paris* , 1677. *in-12.*

634. { L'Art de Peinture par Dufresnoy , traduit en François avec des remarques. *Paris* , 1684. Les premiers Elemens de la Peinture pratique par Corneille. *Paris* , 1684. *in-12.*

655. Cours de Peinture par principes , composé par de Piles. *Paris* , 1708. *in-12.*

636. Traité de la Peinture & de la Sculpture , par Richardson. *Amst.* 1728. 3 *vol. in-8.*

637. Essai sur la Peinture , la Sculpture & l'Architecture , par M. de B***. 1752. *in-8. v. f.*

638. Réflexions critiques sur les différentes Ecoles de Peinture. *Paris* , 1752. *in-8. v. m.*

Réflexions fur quelques caufes de l'état préfent de la Peinture en France, avec un Examen des Ouvrages expofés au Louvre en 1746. *Paris*, 1747. 2 *part.*

Obfervations fur les Arts & fur quelques morceaux de Peinture & de Sculpture, expofés au Louvre en 1748. 1748.

L'Ombre du grand Colbert, le Louvre & la Ville de Paris, Dialogue. *Paris*, 1749.

Catalogue raifonné des Tableaux, Diamans, Bagues, Bijoux, &c. provenant de la fucceffion de M. Godefroy, par Gerfaint. *Paris*, 1748.

Catalogue de Bronzes & autres curiofités du Cabinet de M. de Valois, par Gerfaint. *Par.* 1748.

Catalogue d'une grande collection de Tableaux, par le même. *Paris*, 1749.

Catalogue d'une collection de Coquilles, par le même. *Paris*, 1749.

639. Catalogue raifonné de Coquilles & autres Curiofités naturelles, par Gerfaint. *Paris*, 1736.

Catalogue d'une collection confidérable de Curiofités de différens genres, par Gerfaint. *Paris*, 1737. *in*-12.

Catalogue raifonné des diverfes Curiofités du Cabinet de M. Quentin de Lorangere, par Gerfaint. *Paris*, 1744. *in*-12.

Catalogue raifonné d'une collection confidérable de diverfes curiofités en tous genres, contenues dans les Cabinets de M. Bonnier de la Moffon, par Gerfaint. *Paris*, 1744.

Catalogue raifonné des différens effets curieux & rares contenus dans le Cabinet de M. de la Roque, par le même. *Paris*, 1745. *in*·12.

Catalogue raifonné des bijoux, porcelaines, bronzes, eftampes, &c. provenans de M. Angran de Fonfpertuis, par Gerfaint. *Par.* 1747. *in*-12. 6 *v.*

ARTS.

640. Voyage pictorefque de Paris, par M. Dezalier d'Argenville. *Paris*, 1749. *in* 12.

641. Defcription des Tableaux du Palais Royal, avec la vie des Peintres à la tête de leurs Ouvrages, par du Bois de Saint Gelais. *Paris*, 1727. *in*-1 2.

642. Catalogue raifonné des Tableaux du Roi, avec un abregé de la vie des Peintres, par M. Lépicier. *Paris*, *de l'Impr. royale*, 1752. *in*-4.

643. Tableaux du Cabinet du Roi, Statues & Buftes antiques des Maifons royales. *Paris*, *de l'Impr. royale*, 1677. *in-fol. gr. pap. m. r.*

644. La vie de S. Bruno peinte par Euftache le Sueur, gravée par Fr. Chauveau. *Paris*, *in-fol.*

645. La Galerie du Palais du Luxembourg peinte par Rubens, deffinée par les fieurs Nattier, & gravées par les plus habiles Graveurs du tems. *Paris*, 1710. *in-fol. gr. pap. fig.*

646. Ædium Farnefiarum Tabulæ ab Annibale Caraccio depictæ, à Car. Cæfio æri infculptæ, atque à Lucio Philarchæo explicationibus illuftratæ. *Romæ*, 1753. *in-fol. gr. pap. v. f.*

647. Le grand Cabinet des Tableaux de l'Archiduc, peints par des Maîtres Italiens, & deffinés par David Teniers. *Amft.* 1755. *in-fol. v. f.*

648. Hiftoria utriufque belli Dacici à Trajano Cæfare gefti ex fimulacris quæ in columna ejufdem Romæ vifuntur collecta, autore Alfonfo Ciacono. *Romæ*, 1616. *in*-4. *oblong.*

649. { Colonna Trajana Scolpita con l'hiftorie della guerra Dacica la 1a e la 2a difegnata & intagliata da Pietro Santi Bartoli *in Roma de Roffi.*
Arcus L. Septimii Severi. *Romæ*, 1676. *in*-4. *oblong. m. r.*

650. Columna Antoniana à Petro Sancti Bartolo ære

H ij

incifa & in lucem edita cum notis J. P. Bellorii. *Romæ*, *in* 4. *oblong. m. r.*

651. Infigniores ftatuarum urbis Romæ Icones. *Romæ*, Jo. de Rubeis, 1645. *in-4. oblong.*

652. Recueil des figures, groupes, thermes, fontaines, vafes, &c. tels qu'ils fe voyent dans le Château & Parc de Verfailles, gravé par Thomaffin. *Paris*, 1694. *in-8.*

653. Œuvre de J. Berain. *in-fol. gr. pap.*

654. Promptuarium Artis argentariæ opus non modo Artis Tyronibus, verum etiam provectis magiftris fane perutile. Invenit & delineavit J. Giardini. *Romæ*, 1750. *in-fol. fig. v. f.*

655. Recueil d'Eftampes de Callot Silveftre la Belle. Stella, *in fol. m. r.*

656. Les Indes Orientales & Occidentales repréfentées en très-belles figures, par Romain de Hooge, *Leyde*, *in 4. oblong. br.*

657. Recueil de cent Eftampes repréfentant différentes Nations du Levant tirées fur les Tableaux peints d'après-nature en 1707. & 8. par les ordres de M. de Ferriol, avec l'explication. *Paris*, 1714. *in-fol.*

658. Le Sacre de Louis XV. *Paris*, *in-fol. gr. pap. fig. m. bl. à grande dentelle.*

659. Repréfentation des fêtes données par la ville de Strafbourg pour la convalefcence du Roi en 1744. avec des explications. *in-fol. gr. pap. fig. v. m.*

660. Plans & deffeins des conftructions & décorations ordonnées par la ville de Paris pour les réjouiffances publiques à l'occafion de la publication de la paix en Février 1749. *in-4. oblong. br.*

661. Recueil des portraits des Princes, des perfonnes illuftres & des Sçavans, gravés par les foins du fieur Odieuvre. *Paris*, 1738. *2 vol. in-4.*

V. *ARCHITECTURE.*

662. Des principes de l'Architecture, de la Sculpture & de la Peinture, par Felibien. *Paris*, 1676. *in-4. fig.*

663. Essai sur l'Architecture, par le Pere Laugier. *Paris*, 1753. *in-12.*

664. M. Vitruvii Pollionis de Architecturâ Libri X. *Amst. apud Lud. Elzevirium*, 1649. *in-fol.*

665. Les dix Livres d'Architecture de Vitruve, trad. en François avec des notes, par Perrault. *Paris*, 1684. *in-fol. fig.*

666. Architecture de Palladio avec des notes d'Inigo Iones, le tout revu par Jacq. Leoni, trad. de l'Italien. *La Haye, Gosse*, 1726. 2 *vol. in-fol. fig.*

667. Œuvres d'Architecture de Vincent Scamozzi, trad. en Fr. par Daviler & du Ry. *Leyde*, 1713. *in-fol. fig.*

668. { Livre d'Architecture contenant les principes généraux de cet Art, par Boffrand. *Paris*, 1745. *in-fol. fig.*

Description de ce qui a été pratiqué pour fondre en bronze la figure équestre de Louis XIV. élevée par la ville de Paris dans la Place de Louis le Grand, par le même. *Paris*, 1743. *in-fol. fig.*

669. Les Edifices antiques de Rome dessinés & mesurés très-exactement par Ant. Desgodets, avec des explications. *Paris*, 1682. *in-fol. fig.*

670. L'Anfiteatro Flavio descritto e delineato dal Cavaliere Carlo fontana. *Nell'Haia*, 1725. *in-fol. fig. v. m.*

671. Les ruines de Palmyre, autrement dite Tedmor au désert. *Londres, Millar.* 1753. *in-fol. fig. v. m.*

672. Souscription pour les ruines des plus beaux monumens de la Grece, *in-fol.*

673. Architecture historique en quatre Livres, contenant des plans de bâtimens Juifs, Egyptiens, Syriens, Persans, Grecs, Romains, Arabes, Turcs, Persans Modernes, Siamois, Chinois & Japonois, avec quelques bâtimens de l'invention de l'Auteur, & à la fin divers vases antiques & modernes, par Joseph - Bernard Fischers. *Leipsic,* 1725. *in-fol. oblong. v. f.*

674. Opere varie di Architectura, Prospectiva, Grotefchi, antiquita inventate, ed incise da Giam Battista Piranesi *in Roma.* 1750. *in-fol. gr. pap. fig. v. m.*

675. Architecture Françoise, ou Recueil des plans, élévations, coupes & profils des Eglises, Maisons royales, Palais, &c. de la France, avec la description de ces édifices, par J. Fr. Blondel. *Paris,* 1752. 3 *vol. in-fol. fur le grand nom de Jesus. fig. v. m.*

676. Vûes de Maisons royales dessinées & gravées par le Clerc, Silvestre, Marotte & autres. *in-fol. m. r.*

677. Plans, vûes & élévations de Versailles, gravés par Silvestre, le Pautre & autres. *in-fol. m. r.*

678. Plan & profils pour les bâtimens, élévations du Louvre, &c. dessinées & gravées par Fr. Blondel, Chevotet & autres. *Paris chez Mariette*, *in-fol. oblong. m. r.*

679. Plans & profils des plus beaux bâtimens, donnés par Mariette. 2 *vol. in* 4. *oblong. m. r.*

680. Recueil des plans & décorations des jardins, d'après les desseins de le Nôtre & autres. *in-4. oblong. m. r.*

681. De la distribution des Maisons de plaisance & de la décoration des Edifices en général, par Jacq. Fr. Blondel. *Paris,* 1737. 2 *vol. in-4. fig. v. f.*

682. Recueil des différens projets d'Architecture, de charpente & autres concernant la construction des Ponts, par Pitrou. *Paris*, 1756. *in-fol. gr. pap. fig. v. m.*

683. Le Fabriche, e vedute di Venetia disegnate, poste in prospettiva & intagliate da Luca Carlevariis. *in-4. oblong. fig.*

684. Plan géométral de la ville de Bordeaux levé par les ordres de M. de Tourni, par les Sieurs Santin & Mirail, gravé par Lattré. *Paris*, 1755. *collé sur toile.*

685. Description & représentation de la Maison de glace construite à S. Petersbourg au mois de Janvier 1740. &c. *A S. Petersbourg*, 1741. *in-4. fig.*

VI. *ART MILITAIRE.*

Des Chevaux, de la Chasse, &c.

686. Veteres de re militari Scriptores, Vegetius, Julius Frontinus, Cl. Ælianus, Modestus, Polybius, &c. cum notis. *Vesaliæ Clivorum*, 1670. 2 *vol. in-8.*

687. Julii Frontini Libri quatuor stratagematicon cum notis varior. curante Oudendorpio. *Lugd. Batav. Luchtmans*, 1731. *in-8.*

688. Poliæni stratagemata Gr. & Lat. ex recensione Maasvicii, & cum notis Casauboni. *Lugd. Batav.* 1690. *in-8. v. ec.*

689. Institutions militaires de Vegece. *Paris*, 1743. *in-12. v. m.*

690. Mémoires d'artillerie par M. Surirey de S. Remy. *Paris*, 1745. 3 *vol. in-4. fig.*

691. Mes rêveries, Ouvrage posthume de Maurice Comte de Saxe, augmenté d'une histoire de sa vie, par M. l'Abbé Perau. *Paris*, 1757. 2 *v. in 4. fig. bl.*

692. Inftitutions militaires pour la Cavalerie & les Dragons, par M. de la Porterie. *Paris*, 1754. *in-8. v. m.*

693. Traité des feux d'artifice pour les Spectacles, par Frezier. *Paris*, 1747. *in-8. fig.*

694. Méthode & invention nouvelle de dreffer les chevaux, par le Comte de Newcaftle. *Londres*, 1737. *in-fol. gr. pap. fig.*

695. Ecole de Cavalerie, par M. de la Gueriniere. *Paris*. 1733. *in-fol. fig.*

696. Elemens d'hippiatrique, ou nouveaux principes fur la connoiffance & fur la médecine des chevaux, par M. Bourgelat. *Lyon*, 1750. 2 *vol. in-8. fig.*

697. Obfervations & découvertes faites fur des chevaux, avec une nouvelle pratique fur la ferrure, par le fieur la Foffe. *Paris*, 1734. *in-8. fig.*

698. Traité des Voitures, pour fervir de fupplément au nouveau parfait Maréchal. *Paris*, 1756. *in-4. fig. v. m.*

699. Les rufes innocentes. *Paris*, 1700. *in-4. fig.*

BELLES

BELLES LETTRES.

GRAMMAIRE.

I. *Traités généraux de Grammaire.*

701. S Ex. Pompei Festi & Mar. Verrii Flacci de verborum significatione Libri XX. notis & emendationibus illustravit Andr. Dacerius in usum Delphini. *Amst.* 1699. *in*-4. *v. f.*

702. J. A. Commenii janua linguarum reserata cum Gr. versione Theod. Simonii. *Amst. apud Dan. Elzevirium*, 1665. *in*-8. *v. m.*

703. Traité des Langues par Frain du Tremblay. *Amst.* 1709. *in*-12.

II. *Grammaires & Dictionnaires de diverses Langues.*

704. Institutiones Linguæ Græcæ à Nic. Clenardo scriptæ, ex edit. Jo. Vossii. *Amst. apud Elzevirium*, 1651. *in*-8.

705. Abregé de la nouvelle méthode pour apprendre les principes de la Langue Grecque, par Lancelot. *Paris*, 1656. *in*-8.

706. Lamberti Bos Ellipses Græcæ, sive de vocibus quæ in sermone Græco supprimuntur, ex edit. Leisneri. *Lugd. Batav.* 1750. *in* 8. *v. m.*

707. Le Jardin des Racines Grecques. *Paris*, 1716. *in*-12.

708. Suidæ Lexicon Gr. & Lat. ex edit. Ludolphi Kusteri. *Cantabrigiæ*, 1705. *3 vol. in fol. v. f.*

I

709. Jo. Scapulæ Lexicon Gr. Lat. *Lugd. Batav.* *Typis Elzeviriorum*, 1652. *in-fol.*

710. Cornelii Schrevelii Lexicon Manuale Gr. Lat. & Lat. Gr. *Londini*, 1663. *in-8.*

711. Champ Fleury, auquel eſt contenu l'art & ſcience de la vraie proportion des Lettres Attiques, par Me Geofroy Tory, Libraire. *Paris*, 1529. *in-fol. fig.*

712. Fr. Sanctii Minerva ſeu de cauſis linguæ Latinæ Commentarius cum notis Perizonii. *Amſt.* 1733. 2 *vol. in-8. v. m.*

713. Jo. Voſſii Grammatica Latina. *Lugd. Batav. ex officina Elzeviriana*, 1644. *in-8.*

714. Rob. Stephani Theſaurus linguæ Latinæ cum annotat. Henr. Stephani, ex edit. Ant. Birrii. *Baſileæ*, 1740. 4 *vol. in-fol. v. e.*

715. Ger. Jo. Voſſii Etymologicon linguæ Latinæ. *Lugduni*, 1664. *in-fol.*

716. Gloſſarium ad Scriptores mediæ & infimæ Latinitatis autore Car. Dufreſne Domino du Cange. *Pariſiis*, 1733. 6 *vol. in-fol. d. s. t.*

717. Petri Danetii magnum Dictionarium Latinum & Gallicum. *Lugduni*, 1739. *in 4. v. m.*

718. Novitius ſeu Dictionarium Latino Gallicum ad uſum Delphini, autore Magnez. *Pariſiis*, 1740. 2 *tom. en un vol. in-4.*

719. Grammaire générale & raiſonnée de Lancelot. *Paris*, 1754. *in-12. v. m.*

720. Grammaire Françoiſe, par le P. Buffier. *Paris*, 1709. *in-12.*

721. Principes généraux & raiſonnés de la Grammaire Françoiſe, par M. Reſtaut. *Paris*, 1750. *in-12. v. f.*

722. Synonimes François, par l'Abbé Girard. *Paris*, 1740. *in-12. v. m.*

723. Remarques de Vaugelas fur la langue Françoife avec des notes de M. Patru & T. Corneille. *Paris*, 1738. 3 *vol. in-* 12. *v. f.*

724. Obfervations de l'Académie Françoife fur les remarques de Vaugelas. *Paris*, 1704. *in* 4.

725. Défenfe de la langue Françoife pour l'infcription de l'arc de triomphe dédiée au Roi, par Charpentier. *Paris*, 1676. *in-*12.

726. Des Tropes, par M. du Marfais. *Paris*, 1757. *in* 8. *br.*

727. Dictionnaire univerfel, François & Latin, appellé communément Dictionnaire de Trevoux. *Paris*, 1752. 7 *vol. in-fol. v. m.*

728. Grand Dictionnaire François & Latin, par Danet. *Lyon*, 1738. *in-*4. *v. m.*

729. Dictionnaire Etymologique de la Langue Françoife, par Menage. *Paris*, 1750. 2 *vol. in-fol. v. m.*

730. Dictionnaire des Proverbes François, & des façons de parler comiques, burlefques & familieres, par Panckouke. *Paris*, 1749. *in-*8.

RHETORIQUE.

731. La Rhétorique d'Ariftote trad. en François par Caffandre. *Amft.* 1733. *in-*12. *v. f.*

732. Demetrii Phalerei de elocutione five dictione Rhetorica Gr. & Lat. *Glafguæ Foulis*, 1743. *in* 4. *carta exquifita. v. f.*

733. Dionyfii Longini de fublimitate libellus Gr. & Lat. cum notis. *Oxoniæ e Theatro Sheldoniano.* 1710. *in-*8. *v. f.*

734. Comparaifons de Demofthene & de Ciceron, d'Homere & de Virgile, par le P. Rapin, 1664. 2 *vol. in-*12.

735. Réflexions fur l'ufage de l'Eloquence de ce tems. *Paris*, 1672. *in 12.*

736. Réflexions académiques fur les Orateurs & fur les Poëtes, par de Sainte Garde. *Paris*, 1676. *in 12.*

737. Ex Thucydide inftitutum funebris Orationis apud Athenienfes & Periclis Oratio funebris, item peftis Athenienfis Gr. Lat. *Glafguæ, Foulis*, 1755. *in 12. carta exquifita. v. f. d. s. t.*

738. Lyfiæ Orationes Gr. & Lat. ex interpretatione & cum notis J. Taylori. *Cantabrigiæ*, 1740. *in 8. v. f.*

739. Ifocratis Orationes & Epiftolæ Gr. & Lat. *Parifiis, Henr. Stephanus*, 1593. *in fol.*

740. Ælii Ariftidis Opera omnia Gr. & Lat. cum notis varior. ex recenfione Sam. Jebb. *Oxonii, e Theatro Sheldoniano.* 1722. 2 *vol. in-4. carta magna. v. f.*

741. Themiftii Orationes Gr. & Lat. ex edit. Petri Petavii cum notis Jo. Harduini. *Parifiis e Typographiâ regiâ*, 1684. *in-fol. v. f.*

742. M. Tullii Ciceronis Opera. *Lugd. Batav. ex officina Elzeviriana*, 1642. 10 *vol. in 12. v. m. d. s. t.*

743. M. Tullii Ciceronis Opera cum delectu Commentariorum, Jofephus Olivetus recenfuit. *Parifiis apud Guerin*, 1740. 9 *vol. in-4. v. f. d. s. t.*

744 M. Tullii Ciceronis Opera quæ fuperfunt omnia. *Glafguæ Foulis*, 1749. 20 *vol. in 12. carta magna. l. r. v. f. d. s. t.*

745. Traduction du Traité de l'Orateur de Ciceron avec des notes, par l'Abbé Colin. *Paris*, 1737. *in 12.*

746. Les Oraifons de Ciceron trad. en François avec des remarques, par de Villefore. *Paris*, 1732. 8 *vol. in 12.*

747. Philippiques de Demofthene & Catilinaires de Ciceron, trad. par M. l'Abbé d'Olivet. *Paris*, 1736. *in*-12.

748. Les Lettres de Ciceron à fes amis, trad. en François, le Latin à côté, fuivant l'Edition de Grævius. *Paris*, 1725. 4 *vol. in*-12.

749. Lettres de Ciceron à Atticus, avec des remarques & le texte Latin de l'Edition de Grævius, par l'Abbé Mongault. *Paris*, 1738. 6 *vol. in*-12.

750. Nouvelle Traduction du Livre unique des Lettres de Ciceron à M. J. Brutus avec des remarques, par de Laval. *Paris*, 1731. 2 *vol. in*-12.

751. Tufculanes de Ciceron trad. par MM. Bouhier & d'Olivet. *Paris*, 1737. 3 *vol. in*-12.

752. Entretiens de Ciceron fur la nature des Dieux, trad. par M. l'Abbé d'Olivet. *Paris*, 1732. 2 *vol. in*-12.

753. Les Offices de Ciceron trad. en François avec des notes, par Dubois, avec le Latin à côté. *Paris*, 1729. *in*-12.

754. Les Livres de Ciceron de la vieilleffe & de l'amitié avec les Paradoxes, trad. en François par Dubois, avec le Latin à côté. *Paris*, 1725. *in*-12.

755. Traité des Loix de Ciceron, trad. par Morabin, avec le Latin à côté. *Paris*, 1719. *in*-12.

756. M. F. Quintiliani inftitutiones Oratoriæ & declamationes cum notis variorum. *Lugd. Batav. ex officina Hackiana*, 1665. 2 tom. en 4 *vol. in*-8. *m. r.*

757. M. Fabii Quintiliani Opera cum notis varior. ex emendatione Petr. Burmanni. *Lugd. Batav. apud J. de Vivier*, 1720. 4 *vol. in*-4. *v. f.*

758. Quintilien de l'Inftitution de l'Orateur, trad. par l'Abbé Gedoyn. *Paris*, 1718. *in*-4.

759. C. Plinii Panegyricus Liber Trajano dictus cum notis Dominici Baudii & varior. *Lugd. Batav. ex officina Hackiana*, 1675. *in-8. v. m.*

760. Panegyrici veteres interpretatione & notis illustravit Jac. de la Baune ad usum Delphini. *Parif.* 1676. *in-12 v. m.*

761. Conciones & Orationes ex Historicis Latinis excerptæ. *Amft. ex officina Elzeviriana*, 1662. *in-12. v. ec.*

762. Aphthonii Sophiftæ Progymnafmata. *Parifiis*, 1660. *in-12.*

763. Rhetorica dictata à Domino Gibert. *in-4. mff.*

764. Difcours académiques du fieur de Rampalle. *Paris*, 1647. *in-8.*

765. Suite des Homelies académiques. *Paris*, 1665. *in-12.*

766. Recueil des Piéces d'Eloquence & de Poëfie préfentées à l'Académie Françoife pour les prix depuis 1671. jufqu'en 1743. 34 *tomes reliés en* 24 *vol. in-12. v. f.*

767. Œuvres de M. de Nefmond, Archevêque de Touloufe. *Paris*, 1754. *in-12.*

768. Difcours qui a remporté le prix à l'Académie de Dijon en 1750. par M. Roufïeau de Geneve, avec les réponfes. *Paris*, 1751. *in-8. v. m.*

769. Recueil des Oraifons funébres prononcées par Jacques-Benigne Bofïuet. *Paris*, 1743. *in-12.*

770. Recueil des Oraifons funébres prononcées par Efprit Flechier. *Paris*, 1744. *in-12.*

771. Recueil des Oraifons funébres prononcées par Jules Mafcaron. *Paris*, 1704. *in-12. v. f.*

POETIQUE.

I. *Traités de la Poëtique.*

772. La Poëtique d'Aristote , trad. en François avec des remarques , par Dacier. *Paris* , 1692. *in-4.*

773. Plutarchi Liber quomodo juveni audienda sint Poëmata Gr. & Lat. *Glasguæ Foulis* , 1755. *carta exquisita. in-8. v. f. d. s. t.*

774. Terentiani Mauri de litteris , syllabis, pedibus & metris Tractatus. *Parisiis* , 1531. *in-4.*

775. Ger. Jo. Vossii de veterum Poëtarum temporibus Libri duo qui sunt de Poëtis Gr. & Lat. *Amst.* 1672. *in-4.*

776. Jac. Vanierii Dictionarium Poëticum. *Lugduni*, 1710. 2 *vol. in-4. pap. fin. v. m.*

777. Réflexions critiques sur la Poësie & sur la Peinture, par l'Abbé du Bos. *Paris, Pissot,* 1755. 3 *vol. in-4. v. f.*

778. Dissertations sur la Poësie pastorale, par l'Abbé Genest. *Paris,* 1707. *in-12.*

779. Connoissance des Poëtes les plus célébres , ou moyen facile de prendre une teinture des Humanités. *Paris,* 1752. 2 *vol. in-12. v. m.*

780. Elemens de Poësie Françoise, par M. l'Abbé Joannet. *Paris,* 1752. 3 *vol. in-12.*

781. Comparaison de Pindare & d'Horace , par Blondel. *Paris,* 1673. *in-12.*

II. *POETES ANCIENS ET MODERNES.*

Collections & Extraits des anciens Poëtes Grecs.

POETES GRECS.

782. Theognidis , Phocylidis , Pythagoræ , Solonis & aliorum Poëmata Gnomica , Gr. & Lat. *Ultrajecti*, 1651. *in-12. m. r.*

783. Epigrammatum Græcorum annotationibus J. Brodæ illustratorum Libri 7. *Ffurti apud hæredes Wecheli*, 1660. *in-fol.*

784. { Epigrammata Latina ex anthologiâ Græcorum petita Lat. carmine reddita à P. Stephano. — ejusdem P. Stephani Juvenilia. *Lugduni* , 1593, Balth. Exneri anchora utriusque vitæ, & amores conjugales. *Hanoviæ* , 1619. *in-8. v. m.*

785. Excerpta ex Tragædiis & Comædiis Græcis emendata , & Latinis versibus reddita ab Hug. Grotio cum notis. *Parisiis* , 1626. *in-4. v. m.*

786. Le Théâtre des Grecs, par le P. Brumoy. *Paris*, 1730. 3 *vol. in-4. v. f.*

787. Hesiodi Ascræi quæcumque extant Gr. & Lat. ex recensione Jo. Celerici. cum notis varior. *Amst.* 1701. *in-8. v. ec.*

788. Hesiodi Ascræi quæ supersunt Gr. & Lat. cum notis varior. edidit Th. Robinson. *Oxonii , e Theatro Sheldoniano* , 1737. *in-4. v. f.*

789. Homeri Opera omnia Gr. & Lat. *Amst. apud Ravesteinium* , 1650. 2 *vol. in-8. vel.*

790. Homeri Ilias & Odyssea Gr. & Lat. cum Scholiis Didymi, accurante Corn. Schrevelio. *Amsterd. ex officina Elzeviriana* , 1656. 2 *vol. in-4. v. m.*

791. Homeri Ilias Gr. *Glafguæ Foulis*, 1747. 2 *vol. in-4. v. ec. d. s. t.*

792. L'Iliade & l'Odiffée d'Homere, trad. en François avec des remarques, par Mᵉ. Dacier. *Amft.* 1731. 7 *vol. in-12. fig.*

793. Le premier Livre de l'Iliade en vers François, par l'Abbé Regnier. *Paris*, 1700. *in-8.*

794. L'Iliade, poëme, avec un difcours fur Homere, par de la Motte. *Paris*, 1714. *in-8. fig.*

795. Differtation critique fur l'Iliade d'Homere, par l'Abbé Teraffon. *Paris*, 1715. 2 *vol. in-12.*

796. L'Homere travefti ou l'Iliade en vers burlefques, par M. de Marivaux. *Paris*, 1716. 2 *vol. in-12. fig.*

797. Apollonii Rhodii Argonauticorum Libri 4. Gr. & Lat. *Lugd. Batav. ex officina Elzeviriana*, 1641. *in-8.*

798. Orphei Argonautica, hymni & de lapidibus Gr. & Lat. curante Andr. Chrift. Efchenbachio cum notis Scaligeri. *Trajecti ad Rhenum apud vande Water*, 1689. *in-12. v. f.*

799. Lycophronis Alexandra Gr. & Lat. cum commentariis Tzetzis. *Genevæ*, 1601. *in 4.*

8co. Lycophronis Alexandra Gr. & Lat. cum Græcis Ifaacii Tzetzis commentar. ex edit. Jo. Potteri. *Oxonii e Theatro Sheldoniano*, 1697. *in-fol. v. f.*

801. { Callimachi Hymni, Epigrammata & Fragmentta Gr. & Lat. *Antuerpiæ apud Plantinum*, 1584.

Mofchi & Bionis Idillya Gr. & Lat. *Ibid.* 1584. *in-16. m. v.*

802. Callimachi Hymni, Epigrammata & Fragmenta Gr. & Lat. ex recenfione Grævii cum notis Ezech. Sphanhemii & varior. *Ultrajecti*, 1697. 2 *vol. in-8. v. m.*

K

803. Callimachi Hymni & Epigrammata Gr. & Lat. quibus accesserunt Theognidis carmina nec non epigrammata centum septuaginta sex, ex Anthologia Græca, his adjuncta est Galeni Suasoria ad artes. *Londini*, 1741. *in*-8. *v. f. d. s. t.*

804. Manethonis Apotelesmaticorum Libri sex Gr. & Lat. ex edit. Jac. Gronovii. *Lugd. Batav.* 1698. *in*-4. *v. f.*

805. Coluthi Lycopolitæ Thebæi, de Helenæ raptu Liber Gr. & Lat. *Franckeræ*, 1600. *in*-8. *v. f.*

806. Musæi de Herone & Leandro carmen Gr. & Lat. cum notis Jac. Rondelli. *Parisiis, Cramoisy*, 1678. *in*-8.

807. Musæi Grammatici de Herone & Leandro carmen Gr. & Lat. ex recensione Mathiæ Rover. *Lugd. Batav.* 1737. *in*-8. *m. r.*

808. Æschyli Tragædiæ Gr. & Lat. cum notis varior. curante Jo. Cornelio de Paw. *Hagæ Comitum*, 1745. 2 *vol. in*-4. *gr. pap. v. ec.*

809. Æschyli Tragædiæ quæ extant septem Gr. & Lat. *Glasguæ Foulis*, 1746. 2 *vol. in*-4. *v. ec. d. s. t.*

810. Sophoclis Tragædiæ quæ extant cum versione Latinâ & notis T. Johnson. *Glasguæ Foulis*, 1745. 2 *vol. in*-12. *v. f. d. s. t.*

811. L'Œdipe & l'Electre de Sophocle, Tragédies Grecques trad. en François avec des remarques par Boivin. *Paris*, 1692. *in*-12.

812. Euripidis quæ extant omnia, Tragædiæ nempe XX. Gr. & Lat. operâ & studio Josue Barnes. *Cantabrigiæ*, 1694. *in-fol. v. f.*

813. Euripidis Hecuba, Orestes & Phœnissæ Gr. & Lat. cum notis, ex emendatione J. King. *Cantabrigiæ*, 1726. 2 *vol. in*-8.

814. Menandri & Philemonis reliquiæ Gr. & Lat. cum notis Hug. Grotii & J. Clerici. *Amst.* 1712. *in-8. v. f.*

815. Aristophanis Comœdiæ Gr. & Lat. cum emendationibus Jos. Scaligeri & aliorum. *Amst. apud Ravesteinium*, 1670. *2 vol. in-12.*

816. Aristophanis Comœdiæ Gr. & Lat. cum notis Casauboni Spanhemii & Bentleii, ex edit. Ludolphi Kusteri. *Amst.* 1710. *in-fol.*

817. Le Plutus & les nuées d'Aristophane, Comédies Grec. trad. en François par Mlle le Fevre. *Paris*, 1684. *in-12.*

818. Pindari Olympia, Pythia, Nemea, Isthmia, cæterorum octo Lyricorum carmina Gr. & Lat. *Parisiis, Henr. Steph.* 1560. *2 vol. in-16. v. ec. d. s. t.*

819. Pindari Olympia, Nemea, Pythia, Isthmia Gr. & Lat. *Oxonii e Theatro Sheldoniano*, 1697. *in-fol v. m.*

820. Omnia Pindari quæ extant Gr. & Lat. *Glasguæ Foulis*, 1744. *2 tom. en un vol. in-12. cartâ magna. v. ec. d. s. t.*

821. Pindari Olimpia Gr. *Glasguæ*, 1754. *in-32. v. f. d. s. t.*

822. Anacreontis carmina Gr. & Lat. & Sapphus Odæ, ex editione Willielmi Baxter. *Londini*, 1695. *in-12.*

823. Anacreontis Odæ Gr. & Lat. ex edit. & cum notis Josuæ Barnes. *Cantabrigiæ*, 1705. *in-12. v. f.*

824. { Anacreontis Odæ Gr. *Glasguæ*, 1751.
{ Epicteti Enchiridion Gr. *Glasguæ*, 1751.
{ *in-32. l. r. m. r.*

825. Les Poësies d'Anacreon & de Sapho traduites en François avec des remarques par M. Dacier, & la trad. en vers François de la Fosse. *Amst.* 1716. *in-12.*

826. Imitation des Odes d'Anacreon en vers François, par M. de S***. & la trad. de Mlle le Fevre. *Paris*, 1754. *in-12. v. m.*

827. Sapphus Pœtriæ Lesbiæ fragmenta Gr. & Lat. cum notis varior. curâ & studio Jo. Christ. Wolfii. *Londini*, 1733. *in-4. v. f.*

828. Bionis & Moschi Idyllia Gr. & Lat. ex recensione Nic. Schwebeii, cum notis varior. & versione metrica Gallica Longapetræi. *Venetiis*, 1746. *in 8. v. f. d. s. t.*

829. Les Idylles de Bion & de Moschus, trad. de Grec en vers François, par de Longepierre. *Paris*, 1686. *in-12.*

830. Theocriti quæ extant cum Gr. Scholiis & Scaligeri, Casauboni, & Heinsii annotationibus. *Oxoniæ*, 1699. *in-8. m. r.*

831. Theocriti quæ extant Gr. & Lat. ex edit. Dan. Heinsii. *Glasguæ Foulis*, 1746. *in-8. carta exquisita. v. f. d. s. t.*

832. Les Idylles de Theocrite trad. de Grec en vers François, par de Longepierre. *Paris*, 1688. *in-12.*

POETES LATINS.

Collections & Extraits des anciens Poëtes Latins.

833. Viridarium illustrium Poëtarum. *Lugduni*, 1522. *in-8.*

834. Illustrium Poëtarum flores per Octav. Mirandulam collecti. *Lugduni*, 1570. *in-16. v. ec.*

835. Sententiæ veterum Poëtarum à Georg. majore collectæ. *Antuerpiæ*, 1574. *in-16.*

836. Epigrammatum delectus. *Parisiis*, *Savreux*, 1659. *in-12. m. r.*

837. Synopſis communium locorum præcipue ad mo-
reas ſpectantium ex Poëtis Latinis collecta. *Londini,*
1709. *in-*8.

838. Recueil de penſées ingénieuſes tirées des anciens
Poëtes Latins avec les Imitations ou Traductions en
vers François, rangées par claſſes par M. l'Abbé
Berthelin. *Paris,* 1752. *in-*12.

839. Autores rei Venaticæ antiqui. *Lugd. Batav. apud
Elzevirios,* 1653. *in-*12. *m. r.*

840. Poëtæ Latini rei Venaticæ Scriptores & Bucolici
antiqui, cum notis varior. ex edit. Ger. Kempheri.
Lugd. Batav. apud P. Goſſe, 1728. 2 *tom. en un
vol. in-*4. *m. r.*

841 Poëtæ Latini minores ſive Gratii Faliſci Cynege-
ticon. Aurelii Olympii Nemeſiani Cynegeticon &
Eclogæ, T. Calpurnii Eclogæ, Cl. Rutilii Numa-
tiani Iter, Q. Serenus Samonicus de Medicinâ,
Marcellus de Medicinâ, Q. Rhemnius Fannius
Palæmon de ponderibus & menſuris, & Sulpiciæ
Satyra cum notis varior. curante Burmanno. *Leydæ,*
1731. 2 *vol. in* 4. *carta magna. v. ec.*

842. Poëtæ Latini minores ex edit. P. Burmanni.
Glaſguæ Foulis, 1752. *in-*8. *carta exquiſita. v. f.
d. s. t.*

843. Sedulii mirabilium divinorum Libri 4. carmine
heroïco & alia poëmata ejuſd. Juvenci de evange-
lica Hiſtoria Libri 4. Aratoris Hiſtoriæ Apoſtolicæ
Libri duo, Probæ Falconiæ cento Homero centra,
&c. *Venetiis,* 1502. *in-*4.

844. Poëtarum veterum Eccleſiaſticorum Opera Chriſ-
tiana ex emendatione Georgii Fabricii. *Baſileæ apud
Oporinum,* 1564. *in-*4. *v. m.*

POETES LATINS ANCIENS.

845. Q. Ennii fragmenta quæ superfunt ab Hieron. Columna conquifita, ex editione Fr. Heffelii. *Amft. ex officina Wetfteniana*, 1707. *in*-4. *v. f.*

846. M. Actii Plauti Comædiæ. *Lugduni apud Gryphium*, 1549. 2 *vol. in*-16. *m. v.*

847. — Eædem ex recenfione Dion. Lambini. *Parifiis apud Macæum*, 1587. *in. fol. carta magna. v. f. d. s. t.*

848. — Eædem cum notis variorum, ex recenfione J. Fred. Gronovii. *Amft. Blaew.* 1684. 2 *vol. in*-8.

849. Les Œuvres de Plaute en Latin & en François, trad. nouv. par de Limiers. *Amft.* 1719. 10 *vol. in*-12. *fig. v. f.*

850. P. Terentii Comædiæ fex ex recenfione Heinfiana. *Lugd. Bat. ex officina Elzeviriana.* 1635. *in*-12. *m r.*

851. — Eædem, *Parifiis e Typographiâ regiâ*, 1642. *in-fol. m. r.*

852. — Eædem cum notis variorum. *Lugd. Bat. Hackius*, 1644. *in*-8. *m. r.*

853. — Ejufdem Terentii Comædiæ fex cum notis varior. curante Henr. Wefterhovio. *Hagæ Comitum.* 1726. 2 *vol. in*-4. *v. f.*

854. — Eædem ex edit. Wefterhoviaha. *Glafguæ Foulis*, 1742. *in*-8. *m. r.*

855. — Eædem. *Londini apud Sandby*, 1751. 2 *vol. in*-8. *carta magna. fig. v. f. d. s. t.*

856. Les Comédies de Terence avec la traduction & les remarques de Me. Dacier. *Rotterdam*, 1717. 3 *v. in*-12. *fig. v. f.*

857. T. Lucretii Cari de rerum naturâ Libri VI. *Londini, Tonfon.* 1712. *in*-4. *fig.*

858. — Idem Lucretius cum notis varior. & interpret. Th. Creech. curante Sigeberto Havercampo. *Lugd. Batav. apud Vander Aa* , 1725. 2 *vol. in-4. fig. v. m.*

859. — Idem Lucretius. *Parisiis , Coustelier ,* 1744. *in-12. fig. v. m. d. s. t.*

860. — Idem Lucretius ex edit. Th. Creech. *Glasguæ Foulis ,* 1749. *in-8. carta exquisita. v. f. d. s. t.*

861. Lucrece de la nature des choses avec des remarques , trad. par le Baron des Coutures. *Paris ,* 1785. 2 *vol. in-12. v. f.*

862. Catullus, Tibullus & Propertius ex recensione Jo. Georgii Grævii, & cum notis variorum. *Trajecti ad Rhenum* , 1680. 2 *vol. in-8. v. f.*

863. — Iidem accedunt Cornelii Galli fragmenta ex edit. Steph. And. Philippe. *Lugd. Bat.* (*Parisiis Coustelier*) 1743. *in-12. v. f. d. s. t.*

864. C. Valerius Catullus, & in eum Jo. Ant. Vulpii Commentarius. *Patavii* , 1737. *in-4. carta magna. v. f.*

865. — Idem Catullus in integrum restitutus ex manuscripto nuper Romæ reperto ex edit. Jo. Fr. Conradini de Allio. *Venetiis* , 1738. *in-fol. v. f.*

866. Albii Tibulli quæ extant ex edit. Broukhusii. *Amst. ex officina Wetsteniana* , 1708. *in-4. fig. v. f.*

867. Al. Tibullus cum commentariis Jo. Ant. Vulpii. *Patavii* , 1749. *in-4. carta magna. v. ec.*

668. Tibulli & Propertii Opera ex edit. Broukhusii. *Glasguæ Foulis* , 1753. *in-8. carta exquisita. v. f. d. s. t.*

869. Sex. Aur. Propertii Elegiarum Libri IV. ex editione Jani Broukhusii. *Amst. apud Wetsenios* , 1727. *in-4. fig. v. f.*

870. Opera Virgiliana cum notis Servii, &c. *Lugduni,* 1529. *in-fol. fig.*

271. P. Virgilii Maronis Opera. *Lugd. Bat. ex officinâ Elzeviriana.* 1636. *in*-12. *m. bl.*

872. — Eadem Virgilii Maronis Opera cum notis Servii & variorum. *Lugd. Bat. Hackius,* 1680. *3 tom. en 6 vol. in*-8.

873. — Eadem Virgilii Maronis Opera ex recenfione Nic. Heinfii. *Ultrajecti,* 1704. *in* 12.

874. — Eadem Virgilii Maronis Opera cum comment. & notis varior. ex recenfione Mafvicii. *Leovardiæ apud Halma,* 1717. *2 vol. in*-4. *fig. v. f.*

875. — Eadem Virgilii Maronis Opera ftudio Steph. And. Philippe. *Parifiis, Couftelier,* 1745. *3 vol. in* 12. *fig. v. m. d. s. t.*

876. — Eadem Virgilii Maronis Opera. *Londini apud Sandby,* 1750. *2 vol. in*-8. *carta magna. fig. v. f. d. s. t.*

877. Soufcription pour le Virgile gravé. *in*-8.

878. Les Oeuvres de Virgile trad. du Latin en François par Rob. & Ant. le Chevalier d'Agneaux. *Paris,* 1582. *in* 4. *v. m.*

879. — Les mêmes Oeuvres de Virgile Maron trad. en vers François, par Cl. Marot & L. des Mafures, avec le Latin à côté. *Paris,* 1587. *2 vol. in*-16. *v. ec.*

880. —Les mêmes trad. en François par l'Abbé Desfontaines, le texte vis-à-vis la traduction, ornées de fig. de M. Cochin. *Paris,* 1743. 4 *vol. in*-8. *gr. pap.*

881. — Les mêmes Oeuvres de Virgile en Latin & en François. *Paris,* 1746. 4 *vol. in* 12. *v. f.*

882. {
Les Eglogues de Virgile trad· en carme François, la premiere par Cl. Marot, & les neuf autres par Richard le Blanc. *Paris,* 1755.
Les Livres d'Héfiode trad. de Grec en vers François par Richard le Blanc. *Lyon,* 1547. *in* 8.

883.

883. Les Georgiques de Virgile trad. en vers François, par Segrais. *Paris*, 1711. *in*-8.

884. Remarques fur Virgile & fur Homere, & fur le ftile Poëtique de l'Écriture-Sainte, par l'Abbé Faydit. *Paris*, 1705. 2 *vol. in*-12.

885. Probæ Falconiæ, Cento Virgilianus Hiftoriam vet. & novi Teftamenti complexus ex recenfione Jo. Henr. Kromayeri. *Halæ Magdeburgicæ*, 1719. *in* 8. *v. f.*

886. Sibyllina Capitolina Publ. Virgilii Poëmation cum notis. *Oxonii e Theatro Sheldoniano*, 1726. *in*-8. *v. f.*

887. Q. Horatius Flaccus cum notis Dan. Heinfii. *Lugd. Bat. ex officina Elzeviriana.* 1629. 2 *vol. in*-12. *m. r.*

888. Q. Horatii Flacci Poëmata cum notis Jo. Bond. *Amft. apud Dan. Elzevirium*, 1676. *in*-12.

889. Q. Horatius Flaccus ex recenfione Dan. Heinfii. *Amft. apud Dan. Elzevirium*, 1676. *in*-16. *m. v.*

890. — Idem Horatius ex recenfione & cum notis Rich. Bentleii. *Amft. apud Wetflenios*, 1713. *in* 4. *carta magna. l. r. m. c.*

891. — Eadem Horatii Opera. *Parifiis e Typographiâ regiâ*, 1733. *in*-24. *carta magna. m. r.*

892. — Eadem Horatii Opera. *Londini, Æneis Tabulis incidit Jo. Pine*, 1733. 2 *tom. en un vol. in*-8. *m. à compartiment.*

893. — Eadem Q. Horatii Carmina, accurante Steph. Andr. Philippe. *Parifiis, Couftelier*, 1746. *in*-12. *pap. d'Hollande. v. f. d. s. t.*

894. — Eadem Horatii Opera. *Londini apud Sandby*, 1749. 2 *vol. in*-8. *fig. carta magna. v. f. d. s. t.*

895. Les Œuvres d'Horace en Latin & en François avec des remarques, par Dacier. *Paris*, 1709. 10 *vol. in*-12.

L

896. Eſſai d'une nouvelle traduction d'Horace en vers François, par divers Auteurs. *Amſt.* 1727. *in-*12.

897. Traduction des Oeuvres d'Horace en vers François, avec des notes. *Paris,* 1752. 5 *vol. in-*12. *v. ec.*

898. Les Poëſies d'Horace trad. en François par M. l'Abbé le Batteux. *Paris,* 1750. 2 *vol. in-*12. *v. f.*

899. Diſſertation critique ſur l'art Poëtique d'Horace. *Paris,* 1698. *in-*12.

900. Pub. Ovidii Naſonis Opera. Dan. Heinſius recenſuit. *Lugd. Bat. ex officin. Elzevir.* 1629. 3 *vol. in-*12. *m. r. doublé de m. r.*

901. — Eadem Ovidii Opera ex recenſione Nic. Heinſii & cum notis variorum, accurante Corn. Schrevelio. *Lugd. Bat.* 1662. 3 *vol. in-*8. *m. r.*

902. — Eadem Ovidii Opera cum notis varior. ex edit. P. Burmanni. *Amſt. Changuion,* 1727. 4 *vol. in-*4. *v. f.*

903. P. Ovidii Naſonis Metamorphoſes cum vivis ſingularum transformationum Iconibus in æs inciſis. *Antuerpiæ, Plantinus,* 1590. *in-*12. *fig.*

904. Métamorphoſes d'Ovide en rondeaux, par de Benſerade. *Paris, de l'Impr. royale,* 1676. *in-*4. *fig. v. f.*

905. — Les mêmes en Latin & en François avec des explications, par P. du Ryer. *Bruxelles,* 1677. *in fol. fig.*

906. — Les mêmes en Latin, trad. en François avec des remarques & des explications hiſtor. par l'Abbé Banier, Ouvrage enrichi de fig. gravées par B. Picart. *Amſt. chez Weiſtein,* 1732. *in-fol. v. ec.*

907. Les Epîtres & toutes les Elegies amoureuſes d'Ovide trad. en vers François. *La Haye,* 1685. *in-*12.

908. L'Art d'aimer & le reméde d'amour trad. d'Ovide.. *Amft.* (*Paris* (·1751. *in-8. fig. v. ec.*

909. Phædri fabularum Æsopiarum Libri V. cum no-tis varior. ex edit. J. Laurentii. *Amft. apud Janffo-nium*, 1667. *in-8. fig.*

910. — Eædem Phædri fabulæ cum notis variorum ⸬ curante Burmanno. *Amft. apud Wetftenium*, 1698. *in-8. m. bl.*

911. — Eædem Phædri fabulæ, notis illuftravit David Hoogftratanus. *Amft. ex Typogr. Fr. Halmæ*, 1701. *in-4. fig.*

912, — Eædem Phædri fabulæ & Publii Syri fenten-tiæ. *Parifiis e Typogr. reg.* 1729. *in-24. m. r.*

913. — Eædem Phædri fabulæ. *Parifiis, Couftelier*, 1742. *in-12. v. m. d. s. t.*

914. L. & M. Annæi Senecæ Tragædiæ cum notis Farnabii. *Amft. apud Dan. Elzevirium*, 1678. *in-16. v. f.*

915. — Eædem Senecæ Tragædiæ cum notis Jo. Frid. Gronovii & variorum. *Amft. Boom.* 1682. *in-8. l. r. m. r.*

916. — Eædem Senecæ Tragædiæ cum notis J. Fred. Gronovii & aliorum ex recenfione Jo. Cafpar. Schroderi. *Delphis apud Beman.* 1728. 2 *vol. in-4. v. f.*

917. L. A. Senecæ & P. Syri Mimi fententiæ cum notis variorum. *Lugd. Bat.* 1708. *in-8.*

918. C. Pedonis Albinovani Elegiæ & fragmenta cum interpretatione & notis Scaligeri & aliorum. *Amft.* 1703. *in-12. v. f.* —

919. P. Cornelii Severi Etna & quæ fuperfunt frag-menta cum notis & interpretatione Scaligeri, &c. acceffit Petri Bembi Ætna. *Amft.* 1703. *in-12. v. f.*

920. L'Etna de P. Cornelius Severus & les fentences de Pub. Syrus, trad. en Fr. *Paris*, 1736. *in-12. v. m.*

921. M. An. Lucani Pharsalia. *Amst. Typis Lud. Elzevirii*, 1651. *in-16. vel.*

922. M. Annæus Lucanus de bello civili cum notis Farnabii & varior. accurante Corn. Schrevelio. *Amst. ex officina Elzeviriana.* 1658. *in-8.*

923. — Idem Annæus Lucanus cum notis Farnabii & Hug. Grotii. *Amst. Blaew.* 1665. *in* 12. *m. r.*

924. Idem A. Lucanus cum notis varior. curante Fr. Oudendorpio. *Lugd. Bat. apud Luchtmans*, 1728. 2 *vol. in-4.*

925. La Pharsale de Lucain trad. en vers François, par de Brebœuf. *Leyde*, *Elzevier*, 1658. *in-12. m. r.*

626. A. Persii Flacci satyræ cum commentariis Jo. Bond. *Parisiis*, *Vitray*, 1641. *in-8. v. ec.*

927. Traduction nouvelle des satyres de Perse en vers François avec des remarques, par de Silvecane. *Lyon*, 1693. *in-12.*

928. C. Silii Italici Punicorum Libri septemdecim cum notis diverf. curante Arn. Drakenborch. *Trajecti ad Rhenum apud Vande Water*, 1717. *in-4. fig. v. f.*

929. Publii Papinii Statii Opera cum notis variorum. *Lugd. Bat. Hackius*, 1671. *in-8.*

930. C. Valerii Flacci Argonautica. *Antuerpiæ*, 1566. *in-12. m. r.*

931. — Idem Valerius Flaccus ex recensione Nic. Heinfii. *Lugd. Bat.* 1718. *in-12. v. f.*

932. — Idem Valerius Flaccus cum notis varior. curante P. Burmanno. *Leydæ apud Luchtmans*, 1724. *in-4. v. f.*

933. M. Val. Martialis Epigrammata. *Amst. Typis Lud. Elzevirii*, 1650. *in-16. m. r.*

934. — Eadem Martialis Epigrammata cum notis Farnabii & varior. accurante Corn. Schrevelio. *Lugd. Bat. Hackius*, 1656. *in-8.*

935. — Eadem Martialis Epigrammata cum notis variorum & interpretatione Vincentii Colleffi ex edit. Lud. Smids. *Amft.* 1701. *in-8. v. m.*

936. — Eadem Martialis Epigrammata. *Parifiis, Robuftel,* 1754. 2 *vol. in-12. v. f. d. s. t.*

937. Imitations des Epigrammes de Martial en vers François avec le Latin à côté. *Paris, in-12.*

938. D. Junii Juvenalis & Auli Perfii Flacci fatyræ cum notis Farnabii. *Amft.* 1670. *in-12. v. ec.*

939. — Eædem Jun. Juvenalis & Auli Perfii Flacci fatyræ. *Amft. Typis Dan. Elzevirii,* 1671. *in-16.*

940. — Eædem Junii Juvenalis & Auli Perfii Flacci fatyræ cum notis variorum. *Amftelodami,* 1684. 2 *vol. in-8. m. r.*

941. — Eædem Juvenalis fatyræ cum fcholiis veterum & commentariis Eruditorum;accedit A. Perfii Flacci fatyrarum liber ex recenfione Ifaaci Cafauboni. *Lugd. Batav. apud Vander Aa,* 1695. 2 *vol. in-4. fig.*

942. — Eædem Juvenalis fatyræ ex recognitione Steph. Andr. Philippe. *Parifiis, Grangé,* 1747. *in-12. m. r.*

943. Cl. Claudiani quæ extant ex recenfione Nic. Heinfii & cum notis varior. accurante Schrevelio. *Amft. ex officina Elzeviriana,* 1665. 2 *vol. in-8. m. r.*

944. Decii Aufonii opufcula varia. *Lugduni Gryphius,* 1537. *in-8.*

945. Aufonii Opera commentariis illuftrata per Eliam Vinetum. *Burdigalæ,* 1580. *in-4.*

946. — Eadem Aufonii Opera. *Amft. apud Janffonium,* 1621. *in-16, v. f.*

947. — Eadem Aufonii Opera cum notis varior. ex recenfione Jac. Tollii. *Amft. apud Blau,*1671. *in-8. vel.*

948. Flavii Aviani fabulæ cum commentariis Albini & notis Gafparis Barthii & aliorum. *Amft.* 1731. *in-8.*

949. Aur. Prudentii Clementis quæ extant ex recen-
fione Nic. Heinfii. *Amft. apud Dan. Elzevirium*,
1667. *in-*12.

950. Pervigilium Veneris ex edit. P. Pithæi cum notis
J. Lipfii & varior. accèffit Aufonii Cupido cruci ad-
fixus. *Hagæ Comitum*, 1712. *in-*8.

951. Alchimi. Aviti & Cl. Marii victoris Poëmata.
Lugduni, 1536. *in-*8.

952. Poeme de S. Profper contre les ingrats trad. en
vers & en profe. *Paris*, 1698. *in-*12.

POETES LATINS MODERNES.

Collections & Extraits des Poëtes Latins Modernes.

953. Carmina quinque illuftrium Poëtarum. *Venetiis,
Valgrifius*, 1548. *in-*8. *v. f.*

954. Anthologia feu felecta quædam Poëmata Italo-
rum qui latinè fcripferunt. *Londini*, 1684.
*in-*12. *v. f.*

955. Trium Poëtarum Elegantiffimorum, Porcelii,
Bafinii & Trebani opufcula. *Parifiis*, 1539, *in* 12.

956. {
Salmonii Macrini Odarum Libri tres. Jo.
Bellaii Poëmata. *Parifiis*, 1546.
—— Baptiftæ Candelarii Poëmata. *Rotho-
magi*.
Variorum ad amicos pro Xeniis Epigramma-
tum libellus. *Parifiis*, 1573. *in-*12.
}

957. {
Proverbia Gallicana à Joanne Ægidio Nu-
cerienfi Latinis verficulis traducta. *Parifiis*,
1552.
Lufus pueriles. *Parifiis*, 1553.
Sententiæ proverbiales, five adagiales Gallico-
latinæ. *Lutetiæ*, 1551. *in-*8.
}

958.
{
Xeniorum sive mittendorum ad amicos Epi-
grammatôn libellus , autore Stephano
Thevenero.

J. Geffei Mauvefii Epigrammata. *Parisiis* ,
1574. *in* 12.
}

959. Poëtæ tres elegantissimi , Michaël Marullus ,
Hier. Angerianus & Jo. Secundus. *Parisiis*, 1582.
*in-*16. *v. f.*

960.
{
Hieracofophiov sive de re accipitraria Libri
tres. *Lutetiæ* , 1584.

Scævolæ Sammarthani Pædotrophiæ Libri
tres. *Ibid.* 1584.

Christoph. Tuani Tumulus. *Ibid.* 1583. *in-*4.
}

961.
{
Adriani Tornebi Poëmatum silva.

Jo. Aurati Poëmatia.

Guill. Onciani centrum. *Lugduni* , 1604.
*in-*8.
}

962.
{
Quatuor clariss. virorum satyræ. Nic. Rigalti
Funus Parasiticum.

Justi Lipsii satyra Menippæa , somnium ,
P. Cunæi Sardi venales.

Juliani Imp. Cæsares. *Lugd. Batav.* 1620.
in 16.
}

963.
{
Jac. Pinonis de anno Romano carmen & varia.
Poëmata. *Parisiis*, 1630.

Jac. Lectii Poëmata , 1595.

Poëmata Guil. Blanci. *Lutetiæ* , 1589. *in-*8.
v. m.
}

964. Septem illustrium virorum Poëmata. *Amst. apud
Dan. Elzevirium* , 1672. *in* 8. *v. f.*

965. Poëtarum ex Academiâ Gallicâ carmina. *Hagæ
Comitum* , 1740. *in-*8.

966. Poëmata Didafcalica. *Parisiis* , 1749. 3 *vol.
in-*12 *v. ec.*

967. Liber Ecclesiasticorum Carminum. *Basileæ*, 1538. *in-8. v. m.*

968. { Georgii Sabini Poëmata. *Argentorati* , 1538.
{ Jo. Pierii Valeriani Poëmata. *Basileæ*, 1538.
{ *in-12.*

969. Poëtæ satyrici minores de corrupto Reipublicæ statu , ex recensione Boxornii. *Lugd. Batav.* 1633. *in-16. v. f.*

970. { Sidronii Hoffchii Elegiarum Libri sex. *Parisiis* , 1723.
{ Jac. Wallii Poëmata. *Ibid.* 1723. 2 *vol. in-12.*

971. Recentiorum Poëtarum Germanorum Carmina Latina selectiora ex recensione Jo. Tobiæ Rœnickii. *Helmstadii* , 1748. *in-8.*

972. Musarum Anglicanarum Analecta. *Londini* , 1714. 2 *vol. in-12.*

POETES LATINS MODERNES,
Italiens de nation.

973. P. Angelii Barlæi Cynegetica, & alia Carmina. *Lugduni* , 1561. *in-4.*

974. Mich. Capellarii Poëmata. *Patavii* , 1697. 2 *vol in-8.*

975. Scipionis Capicii de principiis rerum Libri duo. — Ejusdem de Vate maximo Libri tres. *Venetiis* , *Aldus* , 1546. *in-12.*

976. Centum fabulæ ex antiquis Scriptoribus delectæ, & à Gabr. Faërno carminibus explicatæ. *Bruxellis* , 1682. *in-12. fig.*

977. Cent fables choisies des anciens Auteurs , mises en vers Latins par Gabr. Færne, avec la trad. en vers François par Perrault. *Londres* , 1743. *in 4. fig. m. c.*

977.

978. Operum Poëticorum Jac. Falconis Libri 5. *Mantuæ Carpentanorum*, 1600. *in*-12.

979. Hier. Fracaſtorii Poëmata omnia. *Patavii*, 1718. *in* 8. *v. f.*

980. Syphilis ou le mal Vénérien, Poëme Latin de Jer. Fraçaſtor avec la trad. Fr. & des notes. *Paris*, 1753. *in*-8. *v. m.*

981. Fr. Franchini Poëmata. *Baſileæ*, 1558. *in*-12.

982. Comœdia Acolaſti, titulo inſcripta de filio prodigo, autore Guill. Gnaphæo, atque Gabr. Prateoli Marcoſſii commentariis illuſtrata. *Pariſiis*, 1554. *in*-8. *v. m.*

983. Marcelli Palingenii Zodiacus vitæ. *Amſt. apud Janſſonium*, 1628. *in*-16. *v. f.*

984. Marcelli Palingenii Zodiacus vitæ. *Rotterodami*, *Hofhout*, 1722. *in*-8.

985. Le Zodiaque de la vie, ou préceptes pour diriger la conduite & les mœurs des hommes, trad. du Poëme Latin de Palingene par de la Monnerie. *La Haye*, 1731. *in*-12. *v. f.*

986. Clades Ravennas per Marcellum Palonium. *Romæ*, 1513. *in* 4.

987. Nic. Parthenii Giannethaſii Piſcatoria nautica. *Neapoli*, 1692. *in*-12.

988. Philomathi Muſæ juveniles. *Amſt.* 1660. *in*-12.

989. J. Joviani Pontani Carmina. *Baſileæ*, 1531. *in*-8. *v. m.*

990. Actii Sinceri Sannazarii Opera latinè ſcripta ex ſecundis curis Jani Broukhuſii, accedunt fratrum Amattheorum & aliorum Carmina. *Amſt.* 1728. *in* 8.

991. {
Q. Sectani Satyræ. 1696.
Sileni Carmen Poëma Theopompi Reginerii. *Romæ*, 1699.
—Ejuſdem Poëmata. *Romæ*, 1699. *in*-12.
}

992. Philosophiæ Cartesianæ à Benedicto Stay versibus traditæ Libri sex. *Romæ* , 1747. *in-8. v. m.*

993. P. Th. Strozæ Poëmata varia. *Neapoli* , 1689. *in-8.*

994. Marci Hieronymi Vidæ Poëmata omnia. *Cremonæ* , 1560. 2 *tom. en un vol. in-12. v. f. d. s. t.*

POETES LATINS MODERNES.
François de nation.

995. Lud. Alealmi Poëmatia. *in-8.*

996. De J. C. adventu , autore P. Alité. *Parisiis* , 1552. *in-4.*

997. Jo. Lud. Balzacii Carmina & Epistolæ. *Parisiis* , 1650. *in-4.*

998. Casallum bis liberatum sive Belli Italici pro Mantuano duce feliciter confecti duplex expeditio, autore P. Berthault. *Parisiis* , 1631. *in-8.*

999. Pancharis Jo. Bonefonii. 1610. *in-12.*

1000. Jo. Bonefonii Opera omnia.—Imitations du Latin de J. Bonnefons , par Durand. *Amst.* 1725. *in-12.*

1001. Henr. Borbonii , primi Franciæ Principis , in Galliam Narbonensem & Aquitaniam iter , & reditus versibus heroïcis. *Parisiis* , 1629. *in-4.*

1002. Virgilius Christianus, autore Laur. le Brun. *Parisiis* , 1661. *in 8.*

1003. Jo. de Bussieres Scanderbegus Poëma. 1661. *in 8. fig.*

1004. Jo. Chevalier Prolusio Poëtica. *Flexiæ* , 1638. *in-8.*

1005. Hymni sacri , autore Car. Coffin. *Parisiis* , 1736. *in-12. m. r.*

1006. Jo. Commirii Carmina. *Parisiis* , 1714. 2 *vol. in-12.*

1007. Sacra Regum Hiftoria heroïco carmine expreffa per Gilb. Filholium. *Parifiis*, 1587. *in*-8.

1008. Leonardi Frizon Opera Poëtica. *Parifiis*, 1675. 2 *vol. in*-8.

1009. Pfalmi Davidici in Liricos verfus redacti, autore Jo. Ganeio. *Parifiis*, 1547. *in*-8. *v. m.*

1010. Fr. Garaffi facra Rhemenfia. *Pictavis*, 1611. *in*-4.

1011. Jo. Girardi Stichoftratia, Epigrammatum Centuriæ. *Lugduni*, 1552. *in* 4.

1012. Jac. Jo. Andr. & Hugonis fratrum Guioniorum Opera varia. *Divione*, 1658. *in*-4.

1013. Antonii Hallæi Poëmata. *Cadomi*, 1675. *in*-8.

1014. Mich. Hofpitalii Carmina. *Amfterd.* 1732. *in*-8.

1015. P. Lengleti Carmina. *Parifiis*, 1676. *in*-8.

1016. Salmonii Macrini Poëmata. *Parifiis*, 1537. 3 *tom. en un vol. in*-12. *v. m.*

1017. Paraphrafis Poëtica in omnes Davidis Pfalmos, autore Lud. Magnetio. *Parifiis*, *in*-12.

1018. P. Mambruni Soc. J. Eclogæ, & de cultura animi Libri 4. *Flexæ Andegavorum*, 1661. *in*-12.

1019. Jo. Maury Philofophia practica. *Parifiis*, 1672. *in*-12.

1020. Jo. Morelli Lyra, Plectri Horatiani æmula. *Parifiis*, 1708. *in*-8.

1021. Poëfies de M. Ant. Muret, mifes en vers François par Moret. *Paris*, 1682. *in*-12.

1022. Jac. Mofanti Briofii Poëmata. *Cadomi*, 1663. *in*-8.

1023. Gabr. Naudæi Epigrammata. *Parifiis*, 1650. *in*-12.

1024. Stephani Pafchafii Epigrammata. *Parifiis*, 1582. *in*-8.

1025. J. Paſſeratii Kalendæ Januariæ. *Lutetiæ*, 1597 *in* 4.

1026. Dionyſii Petavii Opera Poëtica. *Pariſiis*, 1642 *in* 8.

1027. Petri Petiti Poëmata ; acceſſit differtatio d furore Poëtico. *Pariſiis*, 1683. *in*-8.

1028. Anti Lucretius ſive de Deo & Naturâ Libr novem, eminentiſſ. Cardinalis Melchioris de Polignac, opus poſthumum. *Pariſiis*, 1747. 2 *tom. en un vol. in*-8. *v. f. d. s. t.*

1029. L'Anti-Lucrece, Poëme ſur la religion naturelle compoſé par le Cardinal de Polignac, trad. par M. de Bougainville. *Paris*, 1749. 2 *vol. in*-8 *v. m.*

1030. Cl. Quilleti Callipædia & Scev. Sammarthani Pædotrophia. *Londini*, 1709. *in*-8. *v. f.*

1031. Les Œuvres Latines & Françoiſes de Nic. Rapin. *Paris*, 1610. *in* 4.

1032. Renati Rapini hortorum Libri IV. *Pariſiis e Typographiâ regiâ*, 1665. *in* 4.

1033. Sebaſt. Rolliardi Agrocharis, & Muſurgia. *Pariſiis*, 1605. *in* 8.

1034. Car. de la Rue Idyllia. *Pariſiis*, 1672. *in*-12.

1035. Renati Mich. Rupemallei Poëmatia. *Pariſiis*, 1658. *in* 8.

1036. Panagii Salii varia Poëmata. *Pariſiis*, 1589. *in* 12.

1037. Jo. Sangeneſii Poëmata. *Pariſiis*, 1654. *in* 4.

1038. Jo. B. Santolii Opera Poëtica. *Pariſiis*, 1694. *in* 12.

1039. — Ejuſdem Opera omnia. *Pariſiis*, 1729. 4 *vol. in* 12.

1040. Venationis Cervinæ, Capreolinæ, Aprugnæ & Lupinæ leges, autore Jac. Savary. *Cadomi*, 1659. *in*-4.

1041. Annus sacer Poëticus, autore P. Justo Sautel. *Lugduni*, 1679. 2 tom. en un vol. *in-12.*

1042. Jos. Scaligeri Jambi Gnomici. *Lugd. Batav.* 1607. *in-12.*

1043. Pauli Thomæ Poëmata. *Engolismæ*, 1640. *in-8.*

1044. Epigrammata Simonis Vallamberti. *Parisiis*, 1545. *in-4.*

1045. Jac. Vanierii Prædium rusticum. *Parisiis*, 1707. *in 12. fig.*

1046. Fr. Vavassoris multiplex & varia Poësis. *Parisiis*, 1683. *in-8.*

1047. Archithrenius, summa diligentia recognitus. *In ædibus Ascensianis*, 1517. *in-4. v. m.*

1048. Speculum Sacerdotum. *in-4. Goth.*

1049. Vita & regula S. Patris Benedicti carminibus expressa. *Parisiis*, 1665. *in-12.*

1050. Hymnus Angelicus sive Doctoris Angelici summæ Theologicæ Rhytmica synopsis. *Parisiis*, 1676. *in-12.*

POETES LATINS MODERNES,
Allemands, Flamands & Hollandois de nation.

1051. Jac. Balde e Soc. Jes. Poëmata. *Coloniæ Ubiorum*, 1646. 2 vol. *in-12.*

1052. Gasparis Barlæi Poëmata. *Lugd. Batav. ex officina Elzeviriana*, 1631. *in 12. v. f.*

1053. Dominici Baudi Poëmata. *Amst.* 1640. *in-12.*

1054. Bauhusii & Balduini Cabilliavi Epigrammata. Car. Malapertii Poëmata. *Antuerpiæ*, 1634. *in-18. v. m.*

1055. Petri de Blarrorivo Nanceidos sive de Bello Nanceiano Libri VI. *In Pago divi Nicolai de Portu*, 1518. *in-fol. fig.*

1056. Nabucadnezar Comœdiæ facra, Chariclia, & Mofes Tragico-Comædiæ, autore Gafparo Brulovio. *Argentorati*, 1614. *in-*12.

1057. Balduini Cabilliavi e Soc. Jef. Magdalena. *Antuerpiæ*, 1625. *in-*12. *v. f.*

1058. Joach. Camerarii fymbolorum & emblematum Centuriæ quatuor. *Moguntiæ*, 1668. *in-*8. *fig.*

1059. Sacra Poëfis Uberti Clerici. *Tornaci*, 1610. *in-*12.

1060. Friderici Dedekindi Ludus fatyricus de morum fimplicitate feu rufticitate, vulgo dictus Grobianus, Libri 3. *Lugd. Batav.* 1631. *in* 16.

1061. Imma Portatrix Comœdia. Item Mufæ ferio jocofæ, autore Frid. Hermanno Flaydero. *Tubingæ*, 1625. *in-*12.

1062. Hugonis Grotii Poëmata. *Lugd. Batav.* 1617. *in-*8.

1063. — Ejufdem fyntagma Arateorum Gr. & Lat. Opus Poëticæ & Aftronomiæ ftudiofis utiliffimum. *Lugd. Batav.* 1600. *in* 4. *fig.*

1064. Pia hilaria Angelini Gazæi. *Antuerpiæ*, 1629. *in* 16.

1065. Friderici Hoffmanni Poëticum cum Mufis Colludium. *Amft.* 1665. *in-*12.

1066. Sidronii Hoffchii Poëmata. *Antuerpiæ*, 1656. *in-*8.

1067. Anaftaurofis, five Paffio Servatoris N. J. C. ab Hadriano Junio Medico confcripta. *Antuerpiæ*, 1565. *in-*12.

1068. Poëmata P. Lotichii. *Lipfiæ*, 1576. *in-*12.

1069.
{ Petrifcus Georgii Macropedii fabula jucundiffima. *Bufciducis*, 1536.
{ —— Ejufdem Andrifca. *Antuerpiæ*, 1538.
{ —— Ejufdem comicæ fabulæ duæ rebelles, videlicet & Aluta. 1540. *in-*12.

1070. { Sarcotis Carmen , autore Jac. Mafenio. Parifiis, 1757.
1070. La Sarcothée , Poëme trad. du Latin de Mafenius , par M. l'Abbé Dinouart. Paris , Barbou, 1757. in-12. br.

1071. Benedicti Ariæ Montani hymni & fecula. Antuerpiæ , 1593. in-16. v. m.

1072. Guftavidos five de Bello Sueco-Auftriaco Libri trés Jo. Narffii. Hamburgi , 1632. in-4.

1073. Reineri Neuhufi Thalia Alcmariana & Poëmatum Juvenilium Libri II. Amft. 1669. in-12.

1074. { 1074. Corn. Gifelberti Plempii Mufius five Rhythmi. Amft. 1618.
—— Ejufdem Amfterodamum Monogrammon. Ibid. 1616. in-4.

1075. { 1075. Bafilii Plinii de ventis Libri 3. Wittebergæ , 1600.
—— Ejufdem Poëma de voluptate & dolore. Ibid. 1600. in-12. v. f.

1076. Ifaaci Pontani Poëmata. Amft. 1634. in-16.

1077. { Jo. Roferii Rofetum Poëticum. Duaci, 1616.
—— Ejufdem pia momenta. Ibid. 1611. in-8.

1078. Jo. Ruxellii Poëmata. Cadomi , 1636. in-8.

1079. Mathiæ Cafimiri Sarbievii Carmina. Antuerpiæ, 1632. in-4.

1080. —— Eadem Antuerpiæ, 1634. in-16. v. f.

1081. Nehemias de Inftauratione Hierofolymæ , Tobæus & Daniel. Comædiæ facræ , aut. Corn. Sconæo Goudano. Antuerpiæ , 1570. in-8.

1082. Terentius Chriftianus feu Comœdiæ facræ à Corn. Schonæo Goudano confcriptæ. Coloniæ , 1599. in-8.

1083. Jo. Secundi Opera. Lugd. Batav. apud Hægerum , 1631. in-12. m. r.

1084. Henr. Spoor Favissæ utriufque antiquitatis tam Romanæ quam Græcæ. *Ultrajecti*, 1707. *in-4. fig.*

1085. Epitaphia Joco feria, Latina, Gallica, Italica, &c. Fr. Swertius colle.it. *Coloniæ*, 1645. *in-12.*

1086. Nic. de le Ville Poëmata Cœleftina. *Lovanii*, 1646. *in-12.*

1087. Jo. Vulteii Infcriptionum Libri duo. *Parifiis*, 1538. *in-16.*

1088. Pierii Winfemii amores. *Franekeræ*, 1631. *in-16.*

POETES LATINS MODERNES,
Anglois de nation.

1089. Georgii Buchanani Poëmata. *Amft.* 1687. *in-16.*

1090. Abrahami Couleii Poëmata, in quibus continentur fex Libri Plantarum. *Londini*, 1678. *in-12. v. ec.*

1091. Davidis Humii Poëmata omnia. *Parifiis*, 1639. *in-8.*

1092. Epigrammata Thomæ Mori. *Londini*, 1638. *in-12.*

1093. Jo. Oweni Epigrammata. *Amft. apud Lud. Elzevirium*, 1647. *in-12. v. ec. d. s. l.*

POETES LATINS MODERNES,
Efpagnols & P: ugais.

1094. P. Pauli Billeti Opera Poëtica, Satyræ, Epigrammata, &c. *Matriti* 1703. *in-4.*

POETES LATINS MODERNES,
Macaroniques.

1095. Theoph. Folingi Macaronicorum Poëma. *Venetiis*, 1555. *in-12. m. v.*

1096. Opus Merlini Cocaii (Theoph. Folingi) Macaronicorum. *Veneriis*, 1613. *in-12.*

1097. Nova novorum noviſſima ſivę Poëmata ſtilo Macaronico conſcripta quæ faciunt crepare lectores ob nimium riſum & ſaltare capras per Bartol. Bollam 1604. *in-12.*

POETES FRANÇOIS.

Collections, ou Extraits des Poëtes François.

1098. La danſe aux aveugles , & autres Poëſies du XV. ſiécle. *Lille* , 1748. *in-12.*

1099. Recueil des plus belles piéces des Poëtes François, depuis Villon juſqu'à Benſerade. *Paris*, 1752. 6 *vol. in-12. pap. d'Holl.*

1100. Bibliothéque Poëtique ou nouveau choix des plus belles piéces de vers depuis Marot juſqu'aux Poëtes de nos jours. *Paris*, 1745. 4 *vol. in-12.*

1101. Recueil de vraie Poëſie Françoiſe. *Paris*, 1544. *in-12. fig. m. r.*

1102. Les Marguerites Poëtiques tirées des plus fameux Poëtes François , par Eſprit Aubert. *Lyon* , 1613. *in-4.*

1103. Le Sacrifice des Muſes au Cardinal de Richelieu. *Paris*, 1635. *in-4. v. f.*

1104. Recueil de piéces choiſies tant en proſe qu'en vers , raſſemblées par M. de la Monnoye. *La Haye*, 1714. 2 *vol. in-12. v. f.*

N

{ Recueil de Poëfies contenant la Tubereul
de le Pul Viguier. — Lutrigot de Bonn
corce.

[1105. Les Fontaines de Paris.
La Métamorphofe des yeux de Phillis e
aftres en vers Latins & autres Poëfies L
tines, *in*-12.

1106. Recueil de Piéces galantes en profe & en ve
de la Comteffe de la Suze & de Peliffon, &c. *Tr
voux*, 1725. 4 *tom. en* 2 *vol. in*-12.

1107. Recueil de vers choifis tirés des meilleurs A
teurs recueillis par le P. Bouhours. *Paris*, 174
in-12.

1108. Nouveau recueil des Epigrammatiftes Fra
çois donné par Bruzen la Martiniere. *Amft.* 172
2 *vol. in*-12.

1109. Mémoires pour fervir à l'Hiftoire de la Calott
4 *part. reliées en* 3 *vol. in*-12.

POETES FRANÇOIS,
premier Age jufqu'à Clement Marot.

1110. Les Poëfies du Roi de Navarre avec des not
& un gloffaire François. *Paris*, 1742. 2 *v
in*-8.

1111. Le Roman de la Rofe. *Paris*, *Galiot du Pr
1529. in*-8. *v. f.*

1112. Les Œuvres d'Alain Chartier. *Paris*, *Galiot
Pré*, 1529. *in*-8. *v. f.*

1113. Le Champion des Dames, par Martin Fran
in-fol. Goth. v. m.

1114. Les Oeuvres de Fr. Villon. *Paris*, *Couftelier
1723. in*-12. *m. bl.*

1115. Les Poëfies de Guillaume Cretin. *Paris*, *Cou
telier*, 1723. *in*-12. *m. bl.*

1116. Les Poëfies de Martial de Paris, dit d'Auvergne. *Paris, Couftelier*. 1724. 2 *vol. in-12. m. bl.*

1117. Les Arrêts d'amours avec l'Amant rendu Cordelier à l'Obfervance d'amours, par Martial d'Auvergne. *Amft.* 1731. 2 *vol. in-12.*

1118. Les Poëfies de Guillaume Coquillart. *Paris, Couftelier*, 1723. *in-12. m. bl.*

1119. La Legende de Me. Pierre Faifeu mife en vers par Ch. Bourdigne. *Paris, Couftelier*, 1723. *in-12. m. bl.*

1120. Les Oeuvres de J. Marot. *Paris, Couftelier*, 1723. *in-12. m. bl.*

Poëtes François, fecond âge, depuis Clement Marot jufqu'à Malherbe.

1121. Les Oeuvres de Clement Marot. *La Haye, Moetjens*, 1700. 2 *vol. in-12. m. v.*

1122. Les Oeuvres de Clement, Jean & Michel Marot, avec des notes de l'Abbé Lenglet. *La Haye*, 1731. 4 *vol. in-4. gr. pap. v. ec.*

1123. Les Regnards traverfans les périlleufes voies des folles fiances du Monde, compofées par Sebaftien Brand. *Paris, Ant. Verard, in-fol. Goth.*

1124. S'enfuit le labyrinthe de fortune & féjour des trois nobles Dames, compofé par l'Acteur des regnards traverfans & loups raviffans. *Paris, in-4. Goth. v. f.*

1125. La Vie de Me. Sainte Marguerite, Vierge & Martyre, en vers François. *in-12. Goth.*

1126. Recueil des Oeuvres de Bonaventure des Periers. *Lyon, de Tournes*, 1544. *in-8. l. r. m. r.*

1127. Les Oeuvres poëtiques de Jacq. Peletier du Mans. *Paris*, 1547. *in-12.*

1128. La nouvelle Venus, par Fr. Habert. *Lyon de Tournes*, 1547. *in-12. m. c.*

1129. Les Odes pénitentes du moins que rien. *Paris* 1550. *in-8. v. m.*

1130. { Amoureux repos de Guill. des Autelz. *Lyon* 1553.
{ Façons lyriques. *in 12. m. v.*

1131. Erotasmes de Phydie & Gelasine; plus le Chant panégyrique de l'Isle Pontine, avec la gayeté de May. *Lyon*, 1557. *in-12. m. r.*

1132. Les Oeuvres de Ronsard commentées par N. Richelet. *Paris*, 1617. 10 *tom. en* 5 *vol. in-12. v. f.*

1133. Les Poëmes de Ronsard. *Paris*, 1604. *in-12. m. r.*

1134. Les Hymnes de Ronsard. *Paris*, 1604. *in 12. m. r.*

1135. Les quatrains des sieurs Pibrac, Faure & Mathieu. *Paris*, 1667. *in-8. fig.*

1136. Ex vidi Fabri Pibracii Lat. & Gr. Tetrasticha, auth. Flor. Christiano. *Parisiis*, 1621. *in-8.*

1137. Les Oeuvres Françoises de Joachim du Bellay. *Paris*, 1569. 6 *vol. in-8.*

1138. —— Les mêmes. *Rouen*, 1592. 2 *vol. in-12.*

1139. Encyclie des secrets de l'Eternité, & autres Poësies de Guy le Fevre de la Boderie. *Anvers*, 1571. *in-4. manque le commencement de la Préface.*

1140. Les Oeuvres de J. Ant. de Baif. *Paris*, 1572. 3 *vol. in-8.*

1141. Etrenes de Poezie Françoeze an vers mezurés, par Jan Antoene de Baif. *Paris*, 1574. *in-4.*

1142. Les mimes Enseignemens & Proverbes de J. Ant. de Baif. *Paris*, 1597. *in 12.*

1143. Le Parc de noblesse, description du très-puissant

Prince des Gaules, & de ſes faits & geſtes, par J. Bouchet. *Poitiers*, 1754. *in-fol.*

1144. Oeuvres poëtiques de Mellin de Saint Gelais. *Lyon*, 1574. *in-12. v. f.*

1144. Les mêmes. *Paris, Lyon*, 1714. *in-12.*

1145. Les Poëſies de Jacq. Tahureau, du Mans. *Paris*, 1574. *in-12.*

1146. Les Oeuvres & Mélanges poëtiques d'Et. Jodelle. *Paris*. 1574. *in-4. v. f.*

1147. Les Oeuvres poëtiques d'Amadis Jamyn. *Paris*, 1575. *in-4.*

1148. Poëmes & Anagrames par le Sylvain de Flandres. *Paris*, 1576. *in 4.*

1149. Les Oeuvres de Remy Belleau. *Paris*, 1578. 2 *tom. en un vol. in-12. m. v.*

1150. Les Oeuvres de Meſdames des Roches de Poetiers, mere & fille. *Paris*, 1578. *in-4. v. m.*

1151. Les Oeuvres Françoiſes de J. de la Jeſſée. *Anvers, Plantin*, 1583. 3 *tom. en 2 vol. in-4. v. f.*

1152. L'Uranologie, ou le Ciel de J. Edouard du Monin. *Paris*, 1584. *in-12.*

1153. Cinq Livres de l'Erynne Françoiſe par Ubert-Philippe de Villiers. *Paris*, 1585. *in-4.*

1154. Les Cantiques de Valagre & de Maiſonfleur, avec les quatrains de Pybrac. *Paris*, 1587. *in-12. v. m.*

1155. Les Amours de Chriſtophe de Beaujeu. *Paris*, 1589. *in-4.*

1156. La Muſe guerriere. *Rouen*, 1597. *in-12. v. f.*

1157. Le Contr'empire des Sciences & le myſtere des ânes. *Lyon*, 1599. *in-12.*

1158. Recueil des Oeuvres poëtiques de J. Bertaut, Abbé d'Aunay. *Paris*, 1601. *in-8.*

1159. Les Pſeaumes de David mis en vers François par Ph. des Portes. *Paris*, 1603. *in-8. v. ec.*

1160. Les Oeuvres de Philippe des Portes. *Rouen*, 1611. *in-12.*

1161. Les Satyres & autres Oeuvres de Regnier, avec des remarques. *Londres*, 1729. *in-4. gr. pap. l. r. m. r.*

1162. Les Oeuvres Chrétiennes de Cl. Hopil. *Lyon*, 1604. *in-12.*

1163. Recueil des Oeuvres poëtiques de J. Passerat. *Paris*, 1606. *in-8. v. m.*

1164. Les Oeuvres de Guill. de Salluste, Seigneur du Bartas, contenant la premiere & seconde semaine, les Peres, la Loi, les Trophées, la Magnificence, l'Histoire de Jonas, la Lephante, & Cantique de la victoire d'Yvri. *Rouen*, 1608. *3 tom. en 2 vol. in-12.*

1165. Le Miroir de l'amour divin par Pierre de Croix. *Douay*, 1608. *in-12.*

1166. Le Dauphin de Jacques de la Fons, poëme. *Paris*, *in-12. v. f.*

1167. Le Jardin & Cabinet poëtique de Paul Contant. *Poitiers*, 1609. *in 4.*

1168. L'Amour victorieux de Cl. Garnier, avec quelques Poësies. *Paris*, 1609. *in-12.*

1169. Les Oeuvres du sieur de la Roque. *Paris*, 1609. *in-12.*

1170. De la souveraineté des Rois, Poëme Epique, par P. de Nancel. 1610. *in-12.*

1171. Les diverses Poësies du sieur de la Fresnaie Vauquelin. *Caen*, 1612. *in-8. v. m.*

1172. Poëmes d'amours de B. Baddel. *Amst.* 1616. *in-4.*

1173. Les Poësies de Mailliet. *Bourdeaux*, 1616. *in-8.*

1174. Les Poëmes divers du sieur de Lortigue. *Paris*, 1617. *in-12.*

1175. Le Sireine de M_e. Honoré d'Urfé. *Paris*, 1618. *in-8*.

1176. Les Changemens de la Bergere Iris par J. de Lingendes. *Paris*, 1618. *in-12. v. m.*

1177. Les Oeuvres de Theophile. *Paris*, 1621. *in-8*.

Poëtes François, troisiéme âge, depuis Malherbe jusqu'à présent.

1178. Les Poësies de Malherbe, avec les observations de Menage. *Paris*, 1666. *in-8. v. m.*

1179. Les Oeuvres de Fr. de Malherbe, avec les observations de Menage. *Paris*, 1722. *3 vol. in-12.*

1180. Les Oeuvres de Honorat de Beuil, Chevalier, Sieur de Racan. *Paris*, *Couftelier*, 1724. *2 vol. in-12. m. bl.*

1181. Les Oeuvres de Jacques Poille, Sieur de Saint Gratien. *Paris*, 1623. *in-8. v. m.*

1182. La Franciade ou Hiftoire des Rois de France mife en vers François par Geuffrin. *Paris*, 1623. *in-8*.

1183. Les Poëmes de M^e. Cl. Expilly. *Grenoble*, 1624. *in-4*.

1184. Les Satyres du fieur du Lorens. *Paris*, 1624. *in-8*.

1185. { Les Satyres du fieur de Courval. *Rouen*, 1627.
Les Exercices de ce tems contenant plufieurs Satyres contre les mauvaifes mœurs. *Rouen*, 1626. *in-12*.

1186. Les Chants oraculeux tant en acclamations d'honneurs, & louanges paftorales, qu'en libres déclamations & pures vérités de Dieu, &c. par Cl. de Mons. *Amiens*, 1628. *in 12*.

1187. Les Oeuvres poëtiques du sieur Dupin Paget. *Paris*, 1629. *in-8.*

1188. Les Oeuvres de N. Frenicle. *Paris*, 1629. *in-8.*

1189. La Sainte Franciade, contenant la vie, gestes & miracles du bienheureux Saint François. *Paris*, 1634. *in-8.*

1190. Les Mélanges poëtiques du sieur de Meynier. *Paris*, 1634. *in-8.*

1191. La seconde partie des Poësies & rencontres du sieur de Neuf-Germain, Poëte heteroclite. 1637. *in-4. v. m.*

1192. Les Amours de Tristan. *Paris*, 1638. *in-4.*

1193. Les Métamorphoses Françoises recueillies par Regnault. *Paris*, 1641. *in-12.*

1194. Les Essais poëtiques du sieur de la Luzerne. *Paris*, 1642. *in-12.*

1195. Les Oeuvres de Saint-Amant. *Rouen*, 1642. *in-12.*

1196. — Les mêmes. *Paris*, 1642. *in-4. v. m.*

1197. Moïse sauvé, Idyle héroïque du sieur de Saint-Amant. *Leyde, Sambix*, 1654. *in-16.*

1198. Les Chevilles de Me. Adam, Menuisier de Nevers. *Paris*, 1644. *in-4.*

1199. Le Villebrequin de Me. Adam, Menuisier de Nevers. *Paris*, 1663. *in-12.*

1200. Les Oeuvres de Maynard. *Paris*, 1646. *in-4.*

1201. Les soupirs salutaires de Hélie Poirier. *Amst.* 1646. *in-12.*

1202. La Vie de Jesus & de Marie en vers, par de Quennes. *Paris*, 1651. *in-12.*

1203. Les Oeuvres poëtiques du sieur Dalibray. *Paris,* 1653. *in-8.*

1204.

1204. La Stimnimachie ou le grand combat des Médecins modernes touchant l'ufage de l'antimoine, Poëme hiftori-comique. *Paris*, 1656. *in*-8.

1205. Les Oeuvres de Theophile. *Paris*, 1656. *in*-12.

1206. Les Poëfies de Jules de la Mefnardiere. *Paris*, 1656. *in-fol.*

1207. La Pucelle; ou la France délivrée, Poëme héroïque par Chapelain. *Paris*, 1657. *in*-12. *fig.*

1208. Les Epigrammes de Gombauld. *Paris*, 1657. *in*-12.

1209. Les Oeuvres diverfes tant en vers qu'en profe, par Octavie. *Paris*, 1658. *in*-12.

1210. Les Epîtres en vers, & autres Oeuvres poëtiques de Bois-Robert-Metel. *Paris*, 1659. *in*-8. *v. f.*

1211. Poëfies du fieur de Malleville. *Paris*, 1659. *in*-12. *v. f.*

1212. Poëfies chrétiennes & morales d'Ant. Godeau. *Paris*, *le Petit*, 1660. 3 *vol. in* 12. *v. f. d. s. t.*

1213. Judith ou la délivrance de Bethulie, poëme faint, par Mademoifelle de Calages. *Tolofe*, 1660. *in*-4.

1214. Pantheon ou Temple des Oracles divertiffans, *Paris*, 1660. *in*-8.

1215. Les Poëfies diverfes de Gilbert. *Paris*, 1661, *in*-12.

1216. Les Poëfies de Perrin. *Paris*, 1661. *in*-12.

1217. Hélie, poëme héroïque. *Paris*, 1661. *in*-12.

1218. Eloges poëtiques du fieur de Brebeuf. *Paris*, 1661. *in*-12.

1219. Les Poëfies Françoifes, par H. Piccardt. *Paris*, 1663. *in*-12.

Q

1220. Les Oeuvres de Bouillon. *Paris*, 1663. *in-1!*

1221. Poëfies diverfes de Floriot. *Paris*, 1664 *in-12.*

1222. Nouvelles Poëfies de Mademoifelle Certair *Paris*, 1665. *in-12.*

1223. Entretiens & Lettres poëtiques du P. le Moyn *Paris*, 1665. *in-12.*

1224. Les plus belles penfées de S. Auguftin mif en vers François par le Petit. *Paris*, 1666. *in-11*

1225. Eglogues, Printems & autres Poëfies du fieu de la Bucaille. *Paris*, 1668. *in-12.*

1226. { Le Chrétien défabufé du monde. *Paris* 1670.
Poëfies Chrétiennes. *Paris*, 1639. *in-16.*

1227. Nouveaux Contes en vers, par de Saint Glas *Paris*, 1672. *in-12.*

1228. Le Pain bénit de l'Abbé de Marigny. 167; *in-16. v. f.*

1229. { Paraphrafe fur le Livre dé Tobie en vers Fran çois, par D. Gatien de Morillon. *Orléans,* 1674.
Traduction des Pfeaumes en vers, par Terond *Amft.* 1734. *in-12.*

1230. Les Oeuvres de Montreuil. *Paris*, 1680 *in-12.*

1231. Les Oeuvres de Benfferade. *Paris*, 1697. 2 *vol in-12. v. f.*

1232. Les Rofes de l'amour célefte fleuries au verge des méditations de S. Auguftin, par de Rozieres de Chaudeney. *in-12. fig. fans titre.*

1233. Les Attraits d'amour divin en vers François *in-4. mff. fig. m. r.*

1234. Oeuvres du Préfident Nicole. *Paris, in-12.*

1235. Divers Tableaux dé la vie humaine. *in-4 fig.*

1236. Poësies de Me. & Mlle. Deshoulieres. *Paris*, 1732. 2 *vol. in*-8.

1237. Oeuvres de Me. & Mlle. Deshoulieres. *Paris*, 1747. 2 *vol. in*-12.

1238. Les Oeuvres de la Fontaine. *Anvers*, 1726. 4 *vol. in*-4. *v. f.*

1239. Oeuvres diverses de la Fontaine. *Paris*, 1744. *vol. in*-12. *v. f.*

1240. Contes & Nouvelles en vers, par de la Fontaine. *Amst.* 1721. 2 *vol. in*-12. *fig.*

1241. —— Les mêmes avec les figures de Romain de Hooges encadrées. *Anvers*, 1726. 2 *vol. in*-4. *v. f. d. s. t.*

1242. —— Les mêmes Contes de la Fontaine. *Paris*, 1743. 2 *vol. in*-12.

1243. —— Les mêmes. *Amst.* (*Paris*) 1745. 2 *vol. in*-8. *pap. d'Holl. m. v.*

1244. Fables choisies mises en vers par de la Fontaine avec un nouveau Comment. par Coste. *Paris*, 1743. 2 *vol. in*-12. *v. f.*

1245. —— Les mêmes Fables de la Fontaine, ornées de figures dessinées par J. B. Oudry. *Paris*, 1755. 3 *vol. in-fol. v. m. le plus grand papier avec la souscription.*

1246. Oeuvres de Nic. Boileau Despreaux, avec des Eclaircissemens historiques. *Amst. Mortier*, 1718. 2 *vol. in-fol. m. r. fig. de Picart.*

1247. —— Les mêmes, avec des notes de Brossette, & les remarques & dissertations de M. de Saint Marc. *Paris*, 1747. 5 *vol. in*-8. *fig.*

1248. Nic. Boileau Despreaux Opera, e Gallicis numeris in Latinos translata à D. Godeau. *Parisiis*, 1737. *in*-12.

1249. Le Triomphe de Pradon. *Lyon*, 1684. *in*-12.

1250. Oeuvres diverſes de Segrais. *Amſt.* 1723. 2 *vol. in-*12.*v. f.*

1251. Oeuvres de Pavillon. *La Haye,* 1721. *in-*12.

1252. Poëſies de M. de la Monnoye, publiées par de Sallengre. *La Haye,* 1716. *in-*8.

1253. Noëls en langage Bourguignon avec un gloſſaire par Bern. de la Monnoye. *Dijon,* 1720. *in-*8.

1254. Poëſies à la louange du Roi, par Geneſt. *Paris,* 1674. *in-*8.

1255. {
Le Paralelle de Louis le Grand avec les Princes ſurnommés Grands, mis en vers par Magnin. *Au Havre de Grace,* 1686.

Paralelle poëtique de Louis le Grand, ou Recueil des ſonnets & deviſes faits par les Beaux-Eſprits du ſiécle à la gloire du Roi, par de Vertron. *Au Havre de Grace,* 1686. *in-*12.
}

1256. Poëſies Françoiſes, Italiennes, Caſtillanes & Latines de l'Abbé Regnier Deſmarais. *La Haye,* 1716. 2 *vol. in-*12.*v. f.*

1257. Oeuvres diverſes de L. de Chaulieu. *Amſt.* (*Paris*) 1733. 2 *tom. en un vol. in-*8.

1258. Les Oeuvres de Rouſſeau avec l'anti-Rouſſeau. *Rotterdam,* 1722. 3 *vol. in-*12.*fig.*

1259. Oeuvres diverſes de Rouſſeau, avec le ſupplément. *Amſt. Changuion,* 1726. 4 *vol. in-*12. *fig.*

1260. Oeuvres de J. B. Rouſſeau. *Bruxelles,* 1743. 3 *vol. in-*4. *gr. pap.*

1261. Le Poëte ſans fard, par Gacon. *Cologne,* 1696. *in-*12.

1262. Réflexions ſolitaires ſur la vie & ſur les erreurs des hommes. *Paris,* 1689. *in-*12.

1263. Vérités ſur les mœurs. *Paris,* 1694. *in-*12.

1264. Tableaux facrés de Paul Perrot, fieur de la Sale. *Francfort*, 1694. *in-12. fig.*

1265. Poëfies diverfes de Me. de Saintonge. *Dijon*, 1714. 2 *vol. in 12.*

1266. Principes de Philofophie, par l'Abbé Geneft. *Paris*, 1716. *in-8.*

1267. L'Eleve de Terpficore ou le nouriffon de la Satyre. *Amft.* (*Rouen*) 1718. *in-12.*

1268. Poëfies de de Villiers. *Paris*, 1728. *in-12.*

1269. Poëfie de Lainez. *A la Haye* (*Paris*) 1753. *in-8. v. m.*

1270. Fables nouvelles par M. de la Motte. *Paris*, 1719. *in-4. fig. v. f.*

1271. Poëfies du P. Sanlecque. *Harlem*, 1726. *in-12.*

1272. Oeuvres diverfes de Vergier. *Amft.* (*Rouen*) 1731. 2 *vol. in-12.*

1273. Contes nouveaux, par de ***. *Amfterd.* (*Paris*) 1745. 2 *vol. in-12.*

1274. Oeuvres diverfes de M. de ***. *Londres*, (*Paris*) 8 *tom. en 7 vol. in-12.*

1275. Les Lettres d'Heloïfe & d'Abaïllard mifes en vers François par de Beauchamp. *Paris*, 1721. *in-12.*

1276. Clovis, poëme. *Paris*, 1725. *in-8. v. f.*

1277. { Les Géans, Poëme Epique. *Paris*, 1725. La Ligue, ou Henri le Grand, Poëme Epique, par M. de Voltaire. 1724. *in-12. v. f.*

1278. Le Vice puni ou Cartouche, Poëme. *Anvers*, 1725. *in 8. fig.*

1279. Les Titans ou l'Ambition punie, Poëme. *Liege*, 1725. 2 *tom. en un vol. in-8.*

1280. Le Roman comique mis en vers par le Tellier d'Orvilliers. *Paris*, 1733. 2 *vol. in-12. v. f.*

1281. Les dons des enfans de Latone ; la Musique & la Chasse du cerf, Poëmes. *Paris*, 1734. *in*-8.

1282. Essai sur l'amour propre, Poëme, par M. de la Drevetiere. *Paris*, 1738. *in*-8.

1283. La Religion, Poëme, par M. Racine. *Paris*, 1742. *in*-8.

1284. Oeuvres diverses de M. Racine. *Paris*, 1747. 4 *vol. in*-12.

1285. La Henriade travestie en vers burlesques. *Berlin*, (*Paris*) 1745. *in*-12.

1286. Le Paradis terrestre, Poëme imité de Milton par Me. du Boccage. *Londres*, (*Paris*) 1748. *in*-8. *v. ec.*

1287. Fables & Contes en vers. *Paris*, 1754. *in*-12. *v. m.*

Poëtes Dramatiques François.

1288. Histoire du Théâtre François, par M. Parfait. *Paris*, 1734. 15 *vol. in*-12. *v. f.*

1289. La Pratique du Théâtre, par l'Abbé d'Aubignac. *Amst.* 1715. 2 *vol. in*-12.

1290. Recherches sur les Théâtres de France, par M. de Beauchamps. *Paris*, 1735. *in* 4. *gr, pap.*

1291. Bibliothèque des Théâtres. *Paris*, 1733. *in*-8.

1292. Théâtre François. *Paris*, 1737. 12 *vol. in*-12. *v. m.*

1293. Nouveau Théâtre François. *Paris*, *Prault*, 1740. 6 *vol. in*-8.

1294. La farce de Me. P. Pathelin avec son testament à quatre personnages. *Paris*, *Coustelier*, 1723. *in*-12. *m. bl.*

1295. Le Théâtre & autres Oeuvres poëtiques de Jacq. de la Taille. *Paris*, 1574. 1 *vol. in*-12.

1296. Les Tragédies de Rob. Garnier. *Paris*, 1580. *in*-12.

1297. Tyr & Sidon, Tragi-Comédie en deux journées, par le sieur de Schelandre. *in*-8. *sans titre*.

1298. La Sylvie du sieur Mairet, Tragi-Comédie Pastorale, *Paris*, 1635. *in*-12.

1299. La Comédie des Proverbes. *La Haye*, 1655. *in*-12.

1300. Le sage Visionnaire, Tragi-Comédie. *Lyon*, 1659. *in*-12.

1301. Les Oeuvres de Théâtre de P. & T. Corneille. *Paris*, 1747. 11 *vol. in*-12. *v. m.*

1302. Recueil de Piéces sur le Cid. *Paris*, 1637. *in*-12.

1303. Théâtre de Boyer. *Paris*, 1659. 4 *vol. in*-12. *v. f.*

1304. Oeuvres de Moliere. *Paris*, 1734. 6 *vol. in*-4. *fig. v. m.*

1305. —— Les mêmes. *Paris*, 1739. 8 *vol. in*-12. *m. r.*

L'on a joint dans cet Exemplaire les figures de l'Edition d'Hollande.

1306. Théâtre de Mrs. de Montfleury, pere & fils. *Paris*, 1739. 3 *vol. in*-12.

1307. Oeuvres de Racine. *Londres*, *Tonson*, 1723. 2 *vol. in*-4. *fig. m. r.*

1308. —— Les mêmes. *Amst.* 1743. 3 *vol. in*-12. *fig. d. s. t.*

1309. Le Théâtre de Quinault. *Paris*, 1739. 5 *vol. in*-12. *fig.*

1310. Le Théâtre de Poisson. *Paris*, 1743. 2 *vol. in*-12. *v. f.*

1311. Théâtre de Hauteroche. *Paris*, 1736. 3 *vol. in*-12.

1312. Théâtre de Boursault. *Paris*, 1725. 3 *vol. in*-12.

1314. Les Oeuvres de Pradon. *Paris*, 1744. 2 *vol.* *in*-12.

1315. Oeuvres de de la Foſſe. *Paris*, 1747. 2 *tom. en un vol. in*-12.

1316. Les Oeuvres de Regnard. *Bruxelles*, 1711. 2 *vol. in* 12. *v. f.*

1317. Théâtre de Dancourt. *Paris*, 1738. 8 *vol. in*-12.

1318. Les Oeuvres de Palaprat. *Paris*, 1712. 2 *vol. in*-12.

1319. Oeuvres de Campiſtron. *Amſt.* 1722. 2 *vol. in*-12. *fig. v. f.*

1320. Oeuvres de Riviere du Freſny. *Paris*, 1731. 6 *vol. in*-12.

1321. Les Oeuvres de Théâtre de M. de Brueys. *Paris*, 1735. 3 *vol. in*-12.

1322. Le Théâtre de Baron. *Paris*, 1738. 2 *vol. in*-12.

1323. Théâtre de le Grand. *Paris*, 1731. 4 *vol. in* 12.

1324. Les Yvrognes, Comédie ſatyri-burleſque. *Cologne*, 1687. *in*-12.

1325. Le Théâtre de Paſſerat. *Bruxelles*, 1695. *in*-12. *fig. v. f.*

1326. Théâtre de Danchet. *Paris*, 1751. 4 *vol. in*-8. *v. m.*

1327. Oeuvres d'Autreau. *Paris*, 1749. 4 *vol. in*-12. *v. m.*

1328. Les Oeuvres de M. de Crebillon. *Paris*, 1749. 3 *vol. in*-12.

1329. —— Les mêmes. *Paris*, *de l'Imprimerie Royale*, 1750. 2 *tom. en un vol. in*-4. *v. ec.*

1330. Oeuvres de Boindin. *Paris*, 1753. 2 *vol. in*-12. *v. m.*

1331. Oeuvres de Théâtre de M. de Boiffy. *Paris*, 1738. 9 *vol. in-8. v. ec.*

1332. Théâtre de M. l'Abbé de Voifnon. *Paris*, 1753. *in-12. br.*

1333. Le Fils naturel, Comédie de M. Diderot. (*Paris*) 1757. *in 8. br.*

1334. Hiftoire du Théâtre Italien, par Louis Ricoboni. *Paris*, 1730. 2 *vol. in-8. fig.*

1335. Le Théâtre Italien de Gherardi. *Amft.* 1721. 6 *vol. in-12.*

1336. Le nouveau Théâtre Italien. *Paris*, 1753. 12 *vol. in-12.*

BALLETS, OPERA, CHANSONS.

1337. Recueil général des Opera. *Paris*, 1703. 16 *vol. in-12.*

1338. Le Théâtre de la Foire. *Paris*, 1737. 10 *vol. in-12. fig.*

1339. Théâtre de M. Favart. *Paris*, 1746. 2 *vol. in 8.*

1340. Théâtre des Boulevards ou Recueil de Parades. *Paris*, 1756. 3 *vol. in 12.*

1341. Airs & Vaudevilles de Cour. *Paris*, 1665. *in-12.*

1342. Nouveau Recueil de Chanfons choifies. *La Haye*, 1726. 4 *vol. in-12.*

1343. Poëfies variées de M. de Coulanges. *Paris*, 1753. *in 12.*

1344. Piéces dérobées à un ami, ou Poëfies de M. l'Abbé de Lattaignan. *Amft.* (*Paris*) 1750. 2 *vol. in-12. br.*

Poëtes Italiens, Espagnols, Anglois.

1345. La Comédie de Dante de l'Enfer, du Purga-
toire & du Paradis, mise en rime Françoise, &
commentée par Grangier. *Paris*, 1596. 3 *vol.*
*in-*12.

1346. Essais de Hierosme d'Avost de Laval sur les
sonnets de Petrarque. *Paris*, 1584. *in-*12.

1347. Nouvelle traduction de Roland l'amoureux de
Boyardo. *Paris*, 1742. 2 *vol. in-*12. *fig.*

1348. Roland furieux, traduction nouvelle par
M. de Mirabeau. *La Haye*, (*Paris*) 1741. 4 *vol.*
*in-*12.

1349. La Gerusalemme liberata di Torquato Tasso
con le figure di Giam Batista Piazzetta. *In Venetia*,
1745. *in-fol. v. f. d. s. t.*

1350. Jérusalem délivrée, Poëme héroïque du Tasse,
trad. en François par M. de Mirabeau. *Paris*, 1735.
2 *vol. in-*12.

1351. Nouvelle traduction Françoise de l'Aminte du
Tasse, avec le texte à côté. *Paris*, 1734. *in-*12.
v. f.

1352. Di Tito Lucrezio Caro della natura delle cose
Libri sei trad. dal Latino in Italiano da Aless. Mar-
chetti. *in Amst.* (*in Pariggi*) 1754. 2 *vol. in-*8. *v. f.*
d. s. t. fig. di M. Cochin.

1353. Tragédies-Opera de l'Abbé Metastasio, trad. en
François par M. Richer. *Vienne*, (*Paris*) 1751.
en 7 *vol. in-*12. *v. m.*

1354. La Lusiade du Camoens, Poëme héroïque,
trad. du Portugais par Duperron de Castera. *Paris*,
1735. 3 *vol. in-*12. *fig.*

1355. Le Théâtre Espagnol, trad. en François. *Paris*,
1700. *in-*12.

1356. Extraits de plufieurs Piéces du Théâtre Efpagnol, par Duperron de Caftera. *Paris*, 1738. *in*-12.

1357. Le Paradis perdu de Milton, Poëme héroïque, trad. de l'Anglois par M. Dupré de S. Maur. *Paris*, 1729. 3 *vol. in*-12.

1358. Le Paradis reconquis, trad. de l'Anglois de Milton. *Paris*, 1730. *in*-12.

1359. Oeuvres diverfes de Pope, trad. de l'Anglois. *Amft*. 1754. 6 *vol. in*-12. *fig. v. m.*

1360. Choix de différens morceaux de Poëfie, trad. de l'Anglois par M. Trochereau. *Paris*, 1749. *in*-12. *v. f.*

1361. Idée de la Poëfie Angloife ou Traduction des meilleurs Poëtes Anglois, par M. l'Abbé Yart. *Paris*, 1749. 8 *vol. in*-12. *v. ec.*

1362. Le Théâtre Anglois, traduit par M. de la Place. *Londres*, (*Paris*.) 1746. 8 *vol. in*-12. *v. ec.*

1363. Lettre fur le Théâtre Anglois, avec une traduction de l'Avare, Comédie de Shadwell & de la femme de campagne de Wicherley, 1752. 2 *vol. in*-8. *v. m.*

1364. Choix de petites Piéces du Théâtre Anglois, trad. des Originaux. *Paris*, 1756. 2 *vol. in*-12. *v. m.*

1365. Poëfies de M. Haller, trad. de l'Allemand. *Zurich* (*Paris*) 1752. *in*-12.

1366. Satyres de M. Rabener, trad. de l'Allemand par M. de Boifpreaux (Desjardins). *Paris*, 1754. 5 *tom. en* 4 *vol. in*-12. *v. m.*

MYTHOLOGIE.

1367. Hiftoriæ Poëticæ Scriptores antiqui Gr. & Lat. cum notis. *Londini*, 1676. *in-8. v. f.*

1368 Apollo'ori Athenienfis Bibliotheces , five de Diis Libri tres Gr. & Lat. ex recenfione Tanaquilli Fabri. *Salmurii.*, 1661. *in-8.*

1369. Mythographi Latini. C. Julius Hyginus, Fab. Planciades Fulgentius, Lactantius Placidus, Albricus Philofophus , ex emendatione Th. Munckeri, & cum notis varior. *Amfterd.* 1681. 2 *vol. in-8. v. m.*

1370. Autores Mythographi Latini. Fab. Planciades Fulgentius , Lactantius Placidus , Albricus Philofophus cum commentariis varior. curante Auguft. van Staveren. *Lugd. Batav. apud Luchtmans*, 1742. 2 *vol. in-4. v. f. d. s. t.*

1371. Opufcula Mythologica, Phyfica & Ethica Gr. & Lat. *Amft. apud Weftenium*, 1688. *in-8. v. f.*

1372. Incerti Scriptoris Græci fabulæ aliquot Homericæ de Ulixis erroribus ethice explicatæ Gr. & Lat. ex edit. J. Columbi. *Lugd. Batav.* 1745. *in 8. v. m.*

1373. Les Images ou Tab'eaux des deux Philoftrates mis en François par Blaife de Vigenere. *Paris*, 1614. *in fol. fig. m. r.*

1374. Natal s Comitis Mythologia. — Ejufdem Libri 4 de venatione. *Francofurti apud Andr. Wechelum*, 1581. *in-8. v. f.*

1375. Lili Gregori Gyral ti Opera omnia cum animadv. Pauli Colomefi. *Lugd. Bat.* 1696. 2 *tom. en un vol. in-fol. fig.*

1376. Tableaux du Temple des Mufes avec les defcriptions de Mich. de Marolles. *Paris*, 1655. *in-fol. fig. m. bl.*

1377. Le Temple des Mufes orné de LX. Tableaux, où font repréfentés les événemens les plus remarquables de l'antiquité fabuleufe, deffinés & gravés par B. Picart. *Amft. Chatelain*, 1742. *in-fol.*

1378. Hiftoire Poëtique de P. Gautrüche. *Paris*, 1725. *in* 12.

1379. La Mythologie & les Fables expliquées par l'Hiftoire, par M. l'Abbé Banier. *Paris*, 1738. *3 vol. in 4. v. f.*

1380. Hiftoire du Ciel, par M. l'Abbé Pluche. *Paris*, 1742. 2 *vol. in-12. v. ec. fig.*

1381. Selectiores Æfopi Fabulæ & Luciani Dialogi. Ifocratis Orationes duæ ad Demonicum & Nicoclem. Cebetis Tabula, nec non Galeni fuaforia ad artes Oratio Gr. & Lat. *Edimburgi, Rudimannus*, 1747. *in-8. carta exquifita. v. m.*

1382. { Locmani Fabulæ & felecta quædam Arabum
      { Adagia cum interpret. Lat. *Lydæ*, 1615.
      { Metrica Hebræorum. 1623. *in-12.*

FACETIES, CONTES ET NOUVELLES.

1383. Apuleius. *Amft.* 1624. *in* 16. *m. r.*

1384. L. Apulii Metamorphofeos Libri XI. cum notis Jo. Pricæi. *Goudæ*, 1650. *in-8.*

1385. Jocorum atque feriorum Centuriæ, recenfente Othone Melandro. *Francofurti*, 1703. *in-12. v. f.*

1386. De Arte volandi, autore Frider. Hermanno Flaydero. 1628. *in-16. v. f.*

1387. Differtationum Ludicrarum & Amœnitatum Scriptores varii. *Lugd. Batav. apud Hegerum*, 1644. *in-12. m. bl.*

1388. Nugæ venales five Thefaurus ridendi & jocandi ad graviffimos viros Patres Melancholicorum. 1644. *in-12. v. f.*

1389. —— Eædem. *Londini*, 1741. *in-12. m. bl.*

1390. Democritus ridens five campus recreationun cum Exorcifmo melancholiæ. *Amft.* 1655. *in-12 v. ec.*

1391. Facetiæ facetiarum hoc eft joco-feriorum fafci culus novus. *Pathopoli*, 1657. *in-12. v. ec.*

1392. Nicod. Frifchlini Beb. & Poggii facetiæ. *Amft apud Janffonium*, 1660. *in-12. fig.*

1393. Contes & nouvelles, & joyeux devis de Bona venture des Periers. *Amft.* 1711. *2 tom. en un vol in-12. v. f.*

1394. Oeuvres de Me. Fr. Rabelais avec des remar ques de le Duchat. *Amfterdam*, 1711. *5 vol in-12.*

1395. —— Les mêmes, avec des remarques hiftori ques & critiques de le Duchat, Edition orné de fig. de B. Picart. *Amft.* 1741. *3 vol. in-4 m. r.*

1396. Les facétieufes nuits de Straparole. 1726. *2 vol in 12.*

1398. Les Bigarrures & Touches du fieur des Accord avec les Apophtegmes du fieur Gaulard, & les Ef craignes Dijonnoifes. *Rouen*, 1640. *in 8.*

1399. La vie & avantures de Lazarille de Tormes *Bruxelles*, 1699 *in-12. fig. v. f.*

1400. Les Ecoffeufes ou les œufs de Pâques. *Troyes (Paris)* 1744. *in 12. v. m.*

1401. Les Etrennes de la Saint Jean. *Troyes (Paris* 1751. *in-12.*

1402. Recueil de ces Meffieurs. *Paris*, 1745 *in-12.*

1403. Voyage de Paris à S. Cloud par mer, & retou de S. Cloud à Paris par terre. *Paris*, 1751. *in-12.*

1404. L'Art de défopiler la rate. 1744. *in-12. v. f. d. s. t.*

1405. Les cent Nouvelles nouvelles. *Londres* (*Paris*) 1744. 2 *vol. in-12.*

1406. Les Contes de Marg. de Valois, Reine de Navarre. *Londres* (*Paris*) 1744. 2 *vol. in-12.*

1407. Contes' & Nouvelles de Bocace. *Londres* , (*Paris*) 1744. 2 *vol. in-12.*

ROMANS.

1408. De l'ufage des Romans avec une bibliothéque des Romans, par Gordon de Percel, (l'Abbé Lenglet Dufrefnoy.) *Amfterd.* (*Paris*) 1734. 2 *vol. in-12.*

1409. Xenophontis Ephefii, Ephefiacorum Libri V de amoribus Anthiæ & Abrocomæ. Gr. & Lat. *Londini*, 1726. *in-4.*

1410. Les Ephefiaques de Xenophon ou les Amours d'Anthie & d'Abrocomas, trad. en François. *Paris*, 1736. *in-12.*

1411. Les Amours d'Abrocome & d'Anthia, Hift. Ephefienne, trad. de Xenophont. *Paris*, 1748. *in-8. fig. v. m.*

1412. Heliodori Œthiopicorum Libri X. Gr. & Lat. ex emendatione Jo. Bourdelotii. *in 8.*

1413. Amours de Theagénes & de Chariclée, hiftoire Ethiopique. *Paris*, 1743. 2 *vol. in-12. fig. v. m.*

1414. Ach. Tatii de Clitophontis & Leucippes amoribus Lib. 8. Gr. & Lat. *Lugd. Bat.* 1640. *in-16. d. s. t.*

1415. Les Amours de Leucippe & de Clitophon, trad. du Grec d'Achille Tatius. *Amft.* (*Paris*) 1733. *in-12. v. f.*

1416. Euftathii de Ifmeniæ & Ifmenes amoribus

Libri XI. Gr. & Lat. *Parifiis*, 1618. *in-8.*

1417. Les Amours d'Ifmene & d'Ifmenias. *Paris*, 1743. *in-12. fig. v. m.*

1418. Longi Paftoralium de Daphnide & Chloe Libri 4. Gr. & Lat. Petrus Moll. recenfuit. *Franekeræ*, 1660. *in* 4.

1419. Les Amours Paftorales de Daphnis & Chloé, trad. du Grec de Longus par Amiot. *Paris*, 1731. *in-12. fig. v. m.*

1420. —— Les mêmes. (*Paris*) 1745. *in-4. fig. m. r.*

1421. Theodori Prodromi Rhodanthes & Doficlis amorum Libri IX. Gr. & Lat. *Parifiis*, 1625. *in-8.*

1422. Le Tableau des riches inventions couvertes du voile des feintes amoureufes qui font repréfentées dans le fonge de Poliphile, par Beroalde. *Paris*, 1600. *in-4. fig. v. f.*

1423. Jo. Barclaii Argenis, cum clave. *Lugd. Bat. ex officina Elzeviriana*, 1630. *in-12. d. s. t.*

1424. Jo. Barclaii Argenis cum notis. *Lugd. Batav. apud Hackium*, 1659. *in-8.*

1425. Elegantiffima Eneæ Silvii, five Pii Papæ fecundi Poëtæ Laureati de duobus amantibus Hiftoria incipit, editio perantiqua. *in-4. v. f. d. s. t.*

1426. L'Hiftoire & plaifante Cronique du Petit Jehan de Saintré de la jeune Dame des belles coufines, &c. *Paris*, 1724. *3 vol. in-12.*

1427. Hiftoire de l'admirable Don Quichotte de la Manche. *Lyon*, 1718. *6 vol. in-12. fig. v. f.*

1428. Suite nouvelle & véritable de l'Hiftoire de Don Quichotte, trad. de l'Efpagnol de Cide Hamet Benengely. *Paris*, 1712. *2 vol. in-12. fig. v. f.*

1429.

1429. Les principales avantures de l'admirable Don Quichotte, représentées en figures par Coypel, Picart le Romain, avec les explications. *La Haye*, 1746. in-4. *gr. pap. v. ec.*

1430. Les Avantures de Telemaque par Fr. de Salignac de la Mothe-Fenelon, avec des remarques. *Rotterdam, Hofhout*, 1719. *in-12. fig.*

1431. ——— Les mêmes Avantures de Telemaque. *Amsterd.* 1734. *in-4. fig. v. m. d. s. t.*

1432. Les voyages de Cyrus, par Ramsay. *Paris*, 1728. 2 *tom. en un vol. in-12.*

1433. Histoire de Gilblas de Santillane, par le Sage. *Rouen*, 1721. 4 *vol. in-12.*

1434. Le Diable boiteux, par le Sage. *Paris*, 1727. 2 *tom. en un vol. in-12. fig. v. f.*

1435. Mémoires de la vie du Comte de Grammont, par le Comte Ant. Hamilton. *Cologne*, 1713. *in-12.*

1436. Nouveau Recueil contenant la vie, les amours, les infortunes & les Lettres d'Abailard & d'Heloïse, les Lettres d'une Religieuse Portugaise, &c. *Amst.* (*Paris*) 1713. *in-12.*

1437. Le Chevalier des Essars & la Comtesse de Berci. *Paris*, 1735. 2 *vol. in-12.*

1438. Anecdotes Vénitiennes & Turques, ou nouveaux Mémoires du Comte de Bonneval, par M. de Mirone. *Utrecht*, 1744. 2 *tom. en un vol. in-12. m. r.*

1439. La Princesse de Cleves. *Paris*, 1741. 2 *tom. en un vol. in-12.*

1440. Zayde, histoire Espagnole par de Segrais, avec un Traité de l'origine des Romans, par Huet. *Paris*, 1725. 2 *vol. in-12.*

1441. Le Roman Bourgeois, par de Furetiere. *Nanci*, 1713. *in-12. fig.*

Q

1442. Oeuvres de Me. de Ville-Dieu. *Paris*, 1721. 12 *vol. in*-12.

1443. Le Voyage forcé de Becafore hypocondriaque. *Paris*, 1709. *in*-12.

1444. Gongam, ou l'homme prodigieux transporté dans l'air, sur la terre & sous les eaux. *Paris*, 1713. 2 *vol. in*-12. *m. r.*

1445. Les belles Grecques ou l'Histoire des plus fameuses Courtisanes de la Grece. *Paris*, 1712. *in*-12. *fig.*

1446. Histoire secrette des femmes galantes de l'antiquité. *Paris*, 1726. 3 *vol. in*-12.

1447. Les Impératrices Romaines, par de Serviez. *Paris*, 1728. 3 *vol. in*-12.

1448. Les Avantures d'Aristée & de Telasie. *Paris*, 1731. 2 *vol. in*-12.

1449. Le Philosophe Anglois, ou Histoire de Cleveland, par M. l'Abbé Prevost. *Utrecht* (*Paris*) 1741. 6 *vol. in*-12.

1450. Histoire de Manon Lescaut & du Chevalier des Grieux, par M. l'Abbé Prevost. *Amst.* (*Paris*) 1737. 2 *tom. en un vol. in*-12.

1451. Lettres de la Marquise de M... au Comte de R... par M. de Crebillon le fils. *La Haye* (*Paris*) 1734. 2 *vol. in*-12.

1452. Le Triomphe du sentiment, par M. de Bibiena. *Paris*, 1750. 2 *vol. in* 12. *br.*

1453. Histoire de Tom. Jones ou l'Enfant trouvé, trad. de l'Anglois de M. Fielding par M. de la Place. *Paris*, 1750. 4 *vol. in*-12. *fig.*

1454. L'Orpheline Angloise, ou Histoire de Charlotte Summers, imitée de l'Anglois par M. de la Place. *Paris*, 1751. 4 *vol. in*-12. *fig.*

1455. Les Contes des Fées, par Me. d'Aulnoy. *Paris*, 1745. 4 *vol. in*-12.

1456. Les Oeuvres du C. Ant. Hamilton. *Paris*, 1749. 6 *vol. in-*12.

1457. Acajou & Zirphile, Conte par M. Duclos. *Minutie* (*Paris*) 1744. *in-*4. *fig. v. f.*

1458. Tanzaï & Neadarné, histoire Japonoise, par M. Crebillon le fils. *A Pekin*, (*Paris*) 1740. 2 *vol in-*12. *v. ec.*

1459. Conte moral, par M. de Crebillon le fils. (*Paris*) 2 *vol. in-*12.

1460. Le Sultan Misapouf & la Princesse Grisemine. *Londres*, (*Paris*) 1746. 2 *tom. en un vol. in-*12. *v. f.*

1461. Histoire Indienne. (*Paris*) 1751. 2 *part. br.*

PHILOLOGIE.

Critiques anciens & nouveaux.

1462. Athenæi Deipnosophistarum Libri XV. Gr. & Lat. ex edit. Isaaci Casauboni. *Lugduni*, 1612. 2 *vol. in fol.*

1463. Auli Gellii noctes Atticæ. *Amst. apud Lud. Elzevirium*, 1651. *in-*12. *vel.*

1464. —— Ejusdem, eædem noctes Atticæ cum notis & recensione Ant. Thysi & Jac. Oiseli. *Lugd. Bat.* 1666. 2 *vol. in-*8. *m. r.*

1465. —— Ejusdem noctium Atticarum Libri XX. ex emendatione Jo. & Jac. Gronovii. *Lugd. Bat. apud Jo. du Vivié*, 1706. *in* 4.

1466. Aur. Theodosii Macrobii Opera cum notis variorum. *Lugd. Batav.* 1670. *in* 8.

1467. Alexandri ab Alexandro genialium dierum Libri VI. cum notis variorum. *Lugd. Bat. apud Huckium*, 1673. 2 *vol. in-*8. *v. ec.*

1468. Angeli Politiani Opera. *Basileæ*, 1553. *in-fol.*

1469. Des Caufes de la corruption du goût, par Me. Dacier. *Paris*, 1714. *in-12. v. f.*

1470. La maniere de bien penfer dans les ouvrages d'efprit, par le P. Bouhours. *Paris*, 1715. *in-12.*

1471. La maniere d'enfeigner & d'étudier les Belles-Lettres, par Rollin. *Paris*, 1730. 4 *vol. in* 12.

1472. Effai fur l'Etude des Belles-Lettres. *Paris*, 1747. *in·8.*

1473. Cours de Belles-Lettres diftribué par exercices, par M. l'Abbé le Batteux. *Paris*, 1747. 4 *vol. in* 12.

1474. Effais fur l'Hiftoire des Belles-Lettres, des Sciences & des Arts, par M. Juvenel de Carlencas. *Lyon*, 1749. 4 *vol. in-8. v. ec.*

1475. Effais fur divers fujets de Littérature & de Morale, par M. l'Abbé Trublet. *Paris*, 1749. 2 *vol. in-12.*

1476. La guerre des Auteurs anciens & modernes, par Gueret. *Paris*, 1671. *in-12.*

1477. Le Parnaffe réformé, par Gueret. *Paris*, 1669. *in-12.*

1478. Relation de ce qui s'eft paffé dans une affemblée tenue au bas du Parnaffe pour la réforme des Belles-Lettres. *La Haye* (*Paris*) 1739. *in 12.*

1479. Agenda des Auteurs ou Calpin littéraire à l'ufage de ceux qui veulent faire des Livres. (*Paris*) 1755. *in-12. br.*

1480. Menkenii de Charlataneria Eruditorum declamationes cum notis var. *Amft.* 1716. *in-12.*

1481. De la Charlatanerie des Sçavans par Menken, trad. en François. *La Haye*, 1721. *in-12. v. f.*

1482. Sentimens de Cleante fur les Entretiens d'Arifte & d'Eugene. *Paris*, 1671. 2 *vol. in-12. v. f.*

1483. Examen critique des Ouvrages de Bayle. *Amst.* (*Paris*) 1747. *in*-12. *v. m.*

1484. Analyse raisonnée. *Londres* (*Paris*) 1755. 4 *vol. in*-12. *v. m.*

1485. Le Chef-d'œuvre d'un inconnu, Poëme heureusement découvert par Chrysost. Matanasius, (Themiseul de Saint Hiacinthe.) *La Haye*, (*Trevoux*) 1745. 2 *vol. in*-12. *v. f.*

1486. Voyage merveilleux du Prince Fan-Ferédin dans la Romancie. *Paris*, 1735. *in*-12.

1487. Bagatelles morales, par M. l'Abbé Coyer. *Paris*, 1755. *in*-12. *br.*

Dissertations critiques, allégoriques & enjouées.

1488. Desiderii Erasmi Encomium Moriæ. *Lugd. Bat.* 1641. *in*-12. *m. r.*

1489. Stultitiæ Laus Des. Erasmi declamatio cum Commentariis Listrii & fig. J. Holbenii. *Basileæ*, 1676. *in*-8. *fig. v. ec.*

1490. L'Eloge de la folie d'Erasme, trad. par Gueudeville. *Amst.* 1728. *in*-8. *fig.*

1491. L'Eloge de la folie, trad. du Latin d'Erasme par Gueudeville. (*Paris*) 1751. *in*-4. *fig. v. f.*

1492. H. Corn. Agrippa sur la noblesse & excellence du sexe feminin, avec le traité sur l'incertitude & la vanité des Sciences, trad. par de Gueudeville. *Leide*, 1726. 3 *vol. in*-12.

1493. Hippolytus redivivus, id est remedium contemnendi sexum muliebrem. 1644. *in*-16.

1494. { Augustini Niphi de Amore & de Pulchro Liber. *Lugd. Bat.* 1641.
— Ejusdem veneres & cupidines venales accedit Bapt. Platina de remedio amoris. *Ibidem.* 1646. *in*-16. *vel.*

1495. P. Godofredi de Amoribus Libri 3. *Lugd. Bat.* 1648. *in-*16. *v. f.*

1496. Mémoires de l'Académie des Sciences, Inscriptions, Beaux Arts, établie à Troyes. *Troyes (Paris)* 1756. *in* 12. *v. m.*

1497. L'Apotheose du beau sexe. *Londres,* 1741. *in-*12.

1498. { Lucina sine concubitu, Lucine affranchie des loix du Concours. 1750.
Concubitus sine Lucina, ou le plaisir sans peine. 1750. *in-*8. *v. f.*

1499. La Coterie des Anti-façonniers. *Paris,* 1716. *in-*12.

1500. Laus Ululæ, autore Curtio Jaele. *Claucopoli,* *in-*32.

1501. Estrenes. Nihil. Nemo. Quelque chose. Tout. Le moyen. Si peu que rien. On. Il. *Caen,* 1596. *in-*12.

Sentences, Apophtegmes, Adages & Proverbes.

1502. Apophthegmata Græca Regum & Ducum, Philosophorum, &c. ex Plutarcho & Diogene Laertio. Gr. & Lat. *Parisiis, Henr. Stephanus,* 1568. *in-*12. *m. bl.*

1503. Valerius Maximus cum notis varior. ex recensione Atnisii. *Lugd. Batav. apud Hackium,* 1651. *in-*8. *v. m.*

1504. Desid. Erasmi Adagia. *Parisiis,* 1572. *in-fol. l. r.*

1505. Adagiorum D. Erasmi Epitome. *Amst. ex officina Elzeviriana.,* 1663. *in-*12. *v. f.*

1506. Pensées ingénieuses des Peres de l'Eglise, par le P. Bouhours. *Paris,* 1700. *in-*12.

1507. Pensées ingénieuses des Anciens & des Mo

dernes, recueillies par le P. Bouhours. *La Haye*, 1721. *in*-8. *v. ec.*

1508. Poggiana, ou la vie, le caractere, les fentences & les bons mots de Pogge, avec fon hiftoire de la République de Florence. *Amft.* 1720. 2 *vol. in*-12.

1509. Chevræana. *Paris*, 1697. *in*-12.

1510 Longueruana, ou Recueil de difcours, de penfées & de converfations de M. l'Abbé de Longuerue. *Berlin*, (*Paris*) 1754. 2 *tom. en un vol. in*-12.

Satyres, Invectives, Défenfes, Apologies, &c.

1511. T. Petronii Arbitri Satyricon cum fragmento nuper Tragurii reperto, accedunt diverforum Poëtarum Lufus in Priapum cum notis varior. accurante Mich. Hadrianide. *Amft. Blaew*, 1669. *in*-8. *l. r. m. r.*

1512. ——— Ejufdem Satyricon cum notis Jo. Bofchii. *Amft. apud Gaesbequium*, 1677. *in*-32. *m. r.*

1513. ——— Ejufdem Satyricon cum fragmentis. *Parifiis*, 1693. *in*-12.

1514. Titi Petronii Arbitri Satyricon quæ fuperfunt cum comment. & notis varior. curante Burmanno. *Trajecti ad Rhenum apud Vande Water*, 1709. *in*-4. *v. f. d. s. t.*

1515. Petrone Latin & François, Traduction entiere fuivant le manufcrit trouvé à Belgrade, par Nodot. 1713. 2 *vol. in*-12. *fig.*

1516. Satyre de Petrone trad. par M. de Boifpreaux (Desjardins). *La Haye*, (*Paris*) 1742. 2 *vol. in*-12.

1517. Les Céfars de l'Empereur Julien, trad. du

Grec par Sphanheim avec des remarques , & plus
de 300 médailles gravées par B. Picart. *Amst.* 1728.
in-4. gr. pap. v. f. d. s. t.

1518. Elegantiores præstantiorum virorum Satyræ.
Lugd. Batav. 1655. 2 *vol. in-16. v. ec.*

1519. Euphormionis Lusinini sive Jo. Barclaii Satyri-
con. *Lugd. Batav. apud Elzevirios ,* 1637. *in-12.
v. f.*

1520. Euphormionis Lusini sive Jo. Barclaii Satyricon
cum notis varior. *Lugd. Bat. ex officina Hackiana ,*
1674. *in-8. m. r.*

1521. Satyra Diæretes , sive Arbiter rerum per Joa.
de manibus. *Parisiis ,* 1514. *in-12.*

1522. ⎰ Cave Canem. De vitâ, moribus, rebus gestis,
⎰ divinitate Gasparis Scioppii Apostatæ, Sati-
⎰ ricon, autore Tarræo Hebio. *Hanoviæ,*1615.
⎰ — Ejusdem Tarræi Hebi Epigrammata. *Ibid.*
⎰ 1612. *in-16. v. f.*

1523. Gasparis Scioppii infamia Famiani , & de Styli
historici virtutibus. *Amst.* 1663. *in-12.*

1524. Satyræ duæ Hercules tuam fidem , sive Munste-
rus Hypobolimæus & Virgula divina , accessit his
accurata Burdonum fabulæ confutatio. *Lugd. Batav.
apud Lud. Elzevirium ,* 1617. *in-12.*

1525. L'Alcoran des Cordeliers , tant en Latin qu'en
François ; avec la légende dorée. *Amst.* 1734. *3 vol.
in-12. fig. de Picart. m. r.*

1526. Le Conte du Tonneau , par le Docteur
Swift , trad. de l'Anglois. *La Haye ,* 1721. 2 *vol.
in-12. fig.*

1527. Traité des dissentions entre les Nobles & le
Peuple dans les Républiques d'Athénes, de Rome ,
&c. L'art de ramper en Poësie , & l'art du mensonge
politique , trad. de l'Anglois de Swift. *Paris ,*
1733. *in-12.*

1528. La Fable des Abeilles, ou les fripons devenus honnêtes gens, trad. de l'Anglois de Mandeville. *Londres (Paris)* 1750. 4 *vol. in*-12.

1529. Apologie pour Herodote, ou Traité de la conformité des merveilles anciennes avec les modernes, par H. Etienne, avec les remarques de le Duchat. *La Haye*, 1735. 3 *vol. in*-8. *v. f.*

1530. Apologie pour les grands hommes soupçonnés de magie par Naudé. *Amst.* 1712. *in*-12. *v. f.*

DEVISES, EMBLÊMES.

1531. Othonis Vœni Emblemata Horatiana imaginibus in æs incisis atque Lat. Germ. Gal. & Belgico carmine illustrata. *Amst.* 1684. *in*-12.

1532. Iconologie ou explication de plusieurs images, emblêmes, &c. par César Ripa. *Paris*, 1644. *in-fol.*

1533. Livret des Emblêmes d'André Alciat, mis en rime Françoise, par J. le Fevre. *Paris*, 1536. *in*-12. *Goth. fig.*

POLYGRAPHES.

1534. M. Terentii Varronis Opera omnia quæ extant cum notis variorum. *Durdrechti*, 1719. *in*-8.

1535. Luciani Samosatensis Philosophi Opera omnia quæ extant Gr. & Lat. ex emendatione & cum notis Bourdelotii. *Parisiis apud Febvrier*, 1615. *in-fol.* gr. pap.

1536. — Ejusdem Opera Gr. & Lat. cum notis variorum. *Amst. e Typographiâ J. Blaew*, 1687. 2 *vol.* *in*-8.

1537. — Ejusdem Opera Gr. & Lat. cum notis varior.

curante Tib. Hemfterhufio. *Amft. apud Wetftenium*, 1743. 3 *vol. in-4. v. f.*

1538. Lucien de la traduction de Nic. Perrot, Sieur d'Ablancourt. *Paris*, 1707. 3 *vol. in-12.*

1539. Georgii Buchanani Opera omnia cum notis , curante Th. Ruddimanno. *Lugd. Batav.* 1725. 2 *vol. in-4.*

1540. Les Effais de Michel, Seigneur de Montaigne. *Amft. Michiels*, 1659. 3 *vol. in-12. maroq. à compartiment.*

1541. Les Effais de Montaigne avec des notes, par P. Cofte. *Paris*, 1725. 3 *vol. in-4. v. f.*

1542. Les Oeuvres diverfes de Cyrano de Bergerac. *Paris*, 1681. 2 *vol. in-12.*

1543. Les Oeuvres de Scarron. *Amft.* 1695. 10 *vol. in-12.*

1544. Les Oeuvres de Sarafin. *Paris*, 1656. *in 4.*

1545. Voyage de Bachaumont & Chapelle. *La Haye*, (*Paris*) 1732. *in-12.*

1546. Les Oeuvres de l'Abbé de Saint Réal. *Paris*, 1745. 6 *vol. in-12.*

1547. Oeuvres de de Saint Evremond. *Amfterd.* 1726. 7 *vol. in-12. fig. v. f.*

1548. Oeuvres diverfes du fieur Bayle. *La Haye*, 1725. 4 *vol. in-fol. gr. pap.*

1549. Oeuvres mêlées du Chevalier de S. Jory. *Amft.* (*Paris*) 1735. 2 *vol. in-12.*

1550. Oeuvres de Houdar de la Motte. *Paris*, 1754. 11 *vol. in-8. gr. pap. v. f.*

1551. Oeuvres de M. de Fontenelle. *Paris*, 1742. 6 *vol. in-12. v. f.*

1552. Les Oeuvres mêlées de M. de Remond de Saint Mard. *La Haye* (*Paris*) 1742. 3 *vol. in-12.*

EPISTOLAIRES.

1553. Æschinis Socratici Dialogi tres Gr. & Lat. cum notis J. Clerici. *Amst.* 1711. *in-8.*

1554. Alciphronis Epistolæ Gr. & Lat. ex recensione Stephani Bergleri. *Lipsiæ,* 1715. *in-8.*

1555. Libanii Sophistæ Epistolæ Gr. & Lat. cum notis Jo. Crist. Wolfii. *Amst.* 1738. *in-fol. v. ec.*

1556. — Ejusdem Epistolæ Gr. & Lat. *Lipsiæ,* 1740. *in 8. v. f.*

1557. Aristæneti Epistolæ Gr. cum versione Latinâ & notis Josiæ Merceri, curante Jo. Cornelio de Paw. *Trajecti ad Rhenum,* 1737. *in-12. m. c.*

1558. Lettres galantes d'Aristenete, trad. du Grec. *Cologne (Paris)* 1752. *in 12. v. ec.*

1559. C. Plinii secundi Epistolæ & Panegyricus. *Lugd. Batav. ex officina Elzeviriana,* 1640. *in-12. maroq. à compartiment.*

1560. — Ejusdem Epistolarum Libri X. cum notis varior. ex recensione Jo. Veenhusio. *Lugd. Batav. ex officina Hackiana,* 1669. *in-8. v. m.*

1561. — Ejusdem Epistolæ & Panegyricus ex recensione Cortii & Longolii. *Glasguæ Foulis,* 1751. *2 vol. in-12. carta exquis. v. f.*

1562. Des. Erasmi Colloquia. *Lugd. Batav. ex officina Elzeviriana,* 1643. *4 vol. in-12. m. r.*

1563. — Ejusdem Colloquia cum notis varior. accurante Corn. Schrevelio. *Lugd. Bat. apud Hackium,* 1664. *in 8. v. ec.*

1564. {
Fr. Baptistæ Mantuani contra detractores Dialogus, de loco Conceptionis Christi, &c. *Lugduni,* 1516.
— Ejusdem Poëmata, 2 tom. en un vol. *in-8. v. m.*
}

1565. Busbequii omnia quæ extant. *Lugd. Batav. in officina Elzeviriana*, 1633. *in-16. v. ec.*

1566. Clariss feminæ Cassandræ fidelis Venetæ Epistolæ & Orationes. *Patavii*, 1635. *in-12.*

1567 Principum & illustrium virorum Epistolæ. *Amst. apud Lud. Elzevirium*, 1644. *in-16. v. ec.*

1568. Epistolæ obscurorum virorum ad Ortuinum Gratium. Accesserunt huic Editioni Epistola magistri Benedicti Passavantii ad Petrum Lysetum, & la Complainte de Me. P. Liset sur le trépas de son feu nez. *Londini*, 1710. *in 12. v. f.*

1569. Cymbalum mundi ou Dialogues satyriques, par Bonaventure des Perriers. *Amst. Prosper Marchand*, 1711. *in-12. v. f.*

1570. Exameron rustique, par la Mothe le Vayer. *Amst.* 1698. *in-16.*

1571. Cinq Dialogues faits à l'imitation des Anciens, par Oratius Tubero (la Mothe le Vayer). *Francfort* (*Trevoux*) 1716. *2 vol. in 12.*

1572. Dialogue entre Patru & d'Ablancourt sur les plaisirs. *Amst.* 1714. *2 tom. en un vol. in-12.*

1573. Lettres choisies de Guy Patin. *Rotterdam*, 1689. *in-12.*

1574. Lettres & autres Oeuvres de Voiture. *Amsterd.* 1709. *2 vol. in 12.*

1575. Lettres de Boursault. *Paris*, 1709. *3 vol. in-12. v. f.*

1576. Lettres historiques & galantes de Me. Desnoyers. *Amst.* (*Paris*) 1732. *7 vol. in-12.*

1577. Lettres de Me. de Sevigné. *Paris*, 1734. *6 vol. in-12. m. r.*

1578. Lettre de Roger de Rabutin, Comte de Bussy. *Paris*, 1714. *5 vol. in-12. v. f.*

1579. Lettres choisies de M. de la Riviere. *Paris*, 1751. *2 vol. in-12. br.*

1580. Lettres fur les Anglois & les François, & fur les voyages, par Muralt. 1728. 2 *vol. in* 12.

1581. Lettres Perfannes, par M. de Montefquieu. *Cologne*, 1721. 2 *vol. in*-12.

1582. Lettres Juives, par le Marquis d'Argens. *La Haye* (*Paris*) 1742. 6 *vol. in*-12.

1583. Lettres d'un François, par M. l'Abbé le Blanc. *La Haye*, (*Paris*) 1745. 3 *vol. in*-12. *v. f.*

1584. Lettres de Belife à Cleante. *in*-8. *mſſ.*

※※※※※※※※※※※※(※※※※※※※※※※※

HISTOIRE.

I. *GEOGRAPHIE.*

1585. S Trabonis Geographia Gr. & Lat. cum notis Cafauboni & aliorum. *Amft.* 1707. 2 *vol. in-fol.*

1586, Stephanus Byzantinus de urbibus Gr. & Lat. ex edit. Jac. Gronovii. *Amft. apud Wetftenios*, 1725. *in fol. v. m.*

1587. Pomponii Melæ Libri tres de fitu Orbis cum notis Voffii. *Franekeræ*, 1700. *in-8.*

1588. Theatrum Geographiæ veteris, quo continentur Cl. Ptolemæi Geographia Gr. Lat. cum Tabulis Ptolemaïcis à Ger. Mercatore delineatis, Itinerarium Antonini, &c. edente P. Bertio. *Lugd. Batav. Hondius*, 1618. *in-fol. m. r*, -

1589. Orbis antiqui Tabulæ Geographicæ fecundum Cl. Ptolomæum. *Amft. apud Wetftenios*, 1730. *in-fol. v. f.*

1590. Chrift. Cellarii notitia Orbis antiqui, five Geographia plenior, ab ortu rerum publicarum ad Conftantinorum tempora, ex editione Conradi Schwartzii. *Lipfiæ*, 1731. 2 *vol. in-4. v. m.*

1591. Phil. Cluverii Introductionis in univerfam Geographiam Libri 6. acceffit Bertii Breviarium Orbis terrarum. *Amft. apud Lud. Elzevirium*, 1651. *in-12. m. r.*

1592. — Eadem Cluverii Introductio in univerfam Geographiam Tabulis Geographicis ac notis ornata à Jo. Bunone. *Amft.* 1697. *in-4. v. m.*

1593. Introduction à la Géographie des fieurs Sanfon, augment. par M. Robert. *Paris*, 1743. *in-12. v. f.*

1594. Traités géographiques & hiftoriques pour faci-
liter l'intelligence de l'Ecriture-Sainte. *La Haye* ,
1730. 2 *vol. in-12. v. f.*

1595. Géographie univerfelle, hiftor. & chronol.
ancienne & moderne, par Noblot. *Paris* , 1725.
6 *vol. in-12.*

1596. La Géographie moderne, naturelle, hiftorique
& politique, par Abraham du Bois. *Leyde* , 1729.
4 *tom. en 2 vol. in-4. v. m.*

1597. Eclaircifſemens géographiques fur l'ancienne
Gaule, par M. d'Anville. *Paris*, 1741. *in-12. v. f.*

1598. Traité de la fphere, par M. Rivard. *Paris* ,
1743. *in-8.*

1599. Le grand Dictionnaire Géographique & criti-
que, par Bruzen la Martiniere. *La Haye* , 1726.
10 *vol. in-fol.*

1600. Atlas nouveau & curieux. *Leide* , *Vander Aa* ,
in fol.

1601. Atlas portatif, univerfel & militaire, par M.
Robert. *Paris*, 1748. *in-4. oblong. v. m.*

1602. Atlas univerfel en cent Cartes, par M. Robert
& M. de Vaugoudy. *Paris* , 1752. *in-fol. gr. pap.*
avec la foufcription.

1603. Atlas novus cœleſtis, autore J. Gabr. Doppel-
maiero. *Norimbergæ* , 1742. *in fol. gr. pap. v. m.*

II. *V O Y A G E S.*

Collections de Voyages.

1604. Collectiones peregrinationum in Indiam Orien-
talem & in Indiam Occidentalem XXIV. partibus
comprehenſæ cum fig. fratrum de Bry & Meriani.
Francofurti, 1598. & 1634. 6 *vol. in-fol.*

1605. Hiftoire générale des voyages & conquêtes des
Caftillans dans les Ifles & Terre ferme des Indes

Occidentales, trad. de l'Espagnol d'Ant. d'Herrera par N. de la Coste. *Paris*, 1660. 3 *vol. in* 4.

1606. Recueil de divers voyages faits en Afrique & en Amérique. *Paris*, 1674. *in-4 fig.*

1607. Recueil des voyages qui ont servi à l'etablissement & aux progrès de la Compagnie des Indes Orientales des Provinces-Unies des Pays-Bas. *Amst.* 1725. 12 *vol. in-12. fig. v. ec.*

1608. Recueil des voyages au Nord contenant divers Mémoires très-utiles au commerce & à la navigation. *Amst.* 1731. 10 *vol. in-12. fig.*

1609. Histoire générale des voyages, par M. l'Abbé Prevost. *Paris*, 1746. 12 *vol. in-4. fig. avec la souscription.*

Voyages en diverses Parties du Monde.

1610. Nouveau voyage autour du Monde, par Guill Dampier. *Rouen* 1715. 5 *vol. in-12. fig.*

1611. Voyages autour du Monde commencés en 1708 & finis en 1711. par Woodes Rogers, trad. de l'Anglois. *Amst.* 1716. 3 *tom. en 2 vol. in-12. fig*

1612. Voyage du tour du Monde trad. de l'Italien de Gemelli Careri. *Paris*, 1727. 6 *v. in-12. fig. v. j*

1613. { Voyage autour du Monde par George Anson tiré des Journaux & Papiers de ce Seigneur publié par Rich. Valter, trad. de l'Anglois *Amst.* 1749. *in-4. fig. v. f.*

Voyage à la mer du Sud fait par quelques Officiers commandans le Vaisseau le Vager trad. de l'Anglois. *Lyon*, 1756. *in-4. v. m*

1614. Voyages de Thevenot en Europe, Asie & Afrique. *Amst.* 1727. 5 *vol. in-12. fig.*

1615. Voyages du sieur de la Motraye en Europe, Asie & Afrique. *La Haye*, 1727. 3 *vol. in fol. fig.*

1616.

1616. Les Voyages de J. Struys en Moſcovie, Tartarie, en Perſe, aux Indes, &c. *Amſterd.* 1681. *in-4. fig.*

1617. Voyages faits en Moſcovie, Tartarie & Perſe, & aux Indes Orientales, par les ſieurs Olearius & Mandeſlo. *Amſt.* 1727. 4 *tom. en* 2 *vol. in-fol. fig.*

1618. Voyages de Corneille le Bruÿn au Levant, en Moſcovie, en Perſe, & aux Indes Orientales. *Rouen,* 1725. 5 *vol. in-4. gr. pap. fig. v. f.*

VOYAGES D'EUROPE.

1619. Voyages hiſtoriques de l'Europe. *Amſt.* 1718. 8 *vol. in-16. fig.*

1620. Journal d'un voyage au Nord en 1736. & 1737. par M. Outhier. *Paris,* 1744. *in-4. fig.*

1621. Mémoires du Baron de Pollnitz contenant les obſervations qu'il a faites dans ſes voyages. *Londres* (*Trevoux.*) 1741. 5 *vol. in-12.*

1622. Itinera per Helvetiæ Alpinas regiones, facta annis 1702, 3, 4, 5, 6, 7, 9, 10 & 1721. à J. Jac. Scheuchzero. *Lugd. Batav.* 1723. 4 *tom. en* 2 *vol. in-4. fig. v. ec.*

1623. Voyage hiſtorique & politique de Suiſſe, d'Italie & d'Allemagne. *Francfort,* 1736. 3 *vol. in-12. fig.*

1624. Voyage d'Italie de Miſſon. *Utrecht,* 1722. 4 *vol. in-12. fig.*

1625. Voyage hiſtorique d'Italie. *La Haye,* 1729. 2 *vol. in-12. v. f.*

1626. Voyage d'Eſpagne hiſtor. & politique, fait en 1655. 1666. *in-12.*

1627. Voyages du P. Labat en Eſpagne & en Italie. *Paris,* 1730. 8 *vol. in-12. v. f.*

S

Voyages d'Afie , d'Afrique & d'Amérique.

1628. Relation nouvelle d'un voyage de Conftantino-
ple , par Grelot. *Paris* , 1680. *in-4. fig.*

1629. Voyage de Paul Lucas au Levant. *Paris* , 1704.
2 *vol. in-12. fig. v. f.*

1630. Voyage de Paul Lucas fait par ordre du Roi
dans la Grece, l'Afie Mineure , la Macedoine &
l'Afrique. *Paris* , 1712. 2 *vol. in-12. fig. v. f.*

1631. Troifiéme voyage de P. Lucas fait en 1714.
dans la Turquie, l'Afie , la Sourie, la Paleftine
& l'Egypte. *Rouen* , 1719. 3 *vol. in-12. fig v. f.*

1632. Relation d'un voyage du Levant fait par ordre
du Roi par Pitton de Tournefort. *Paris de l'Impr.
royale* , 1717. 2 *vol. in-4. fig.*

1633. Voyage en Syrie & du Mont Liban , par de la
Roque. *Paris)* 1722. 2 *vol. in-12. fig.*

1634. Mémoires du Chevalier d'Arvieux contenant
fes voyages à Conftantinople , dans l'Afie, la Syrie,
&c. mis en ordre par le P. Labat. *Paris* , 1735. 6 *v.
in-12. v. m.*

1635. Les Voyages de J. B. Tavernier en Turquie ,
en Perfe & aux Indes. *Amfterd.* 1692. 3 *vol. in-12.
fig. m. r.*

1636. Voyage en Turquie & en Perfe , par M. Otter.
Paris , 1748. 2 *vol. in-12. v. m.*

1637. Relation du voyage de Perfe & des Indes Orien-
tales , trad. de l'Anglois de Th. Herbert. *Paris* ,
1663. *in-4.*

1638. Voyages de Chardin en Perfe , & autres lieux
de l'Orient. *Amfterdam* , 1735. 4 *vol. in-4.
fig. v. f.*

1639. Voyages de Fr. Bernier au Mogol. *Amft.* 1724.
2 *vol. in-12. fig.*

1640. Voyages de Dellon, avec sa relation de l'Inquisition de Goa. *Cologne*, 1711. *3 tom. en 2 vol. in-12. fig.*

1641. Relation de l'Ambassade du Chevalier de Chaumont à la Cour du Roi de Siam. *Paris*, 1687. *in-12.*

1642. Voyage de Siam des Peres Jésuites, avec le Journal du même voyage, par l'Abbé de Choisy. *Amsterdam*, 1689. *3 vol in-12. fig.*

1643. L'Ambassade de la Compagnie Orientale des Provinces-Unies vers l'Empereur de la Chine. *Leyde*, 1665. *in fol. fig.*

1644. Ambassades mémorables de la Compagnie des Indes Orientales des Provinces Unies vers les Empereurs du Japon. *Amst.* 1680. *in fol. fig.*

1645. Voyages de Shaw dans les Provinces de la Barbarie & du Levant, trad. de l'Anglois. *La Haye*, 1743. *2 vol. in-4. fig.*

1646. Relation du voyage du royaume d'Issyny, côte d'or, & païs de Guinée, par le P. Godefroy Loyer. *Paris*, 1714. *in-12.*

1647. Voyages du Chevalier des Marchais en Guinée, Isles voisines & à Cayenne, par le P. Labat. *Paris*, 1730. *4 vol. in-12. fig.*

1648. Nouveau voyage de Guinée, trad. de l'Anglois de Guill. Smith. *Paris*, 1751. *2 tom. en un vol. in-12. fig. v. f.*

1649. Relation historique de l'Ethiopie Occidentale; trad. de l'Italien du P. Cavazzi, par le P. Labat. *Paris*, 1732. *5 vol. in-12. fig.*

1650. Description du Cap de Bonne-Espérance, par P. Kolbe. *Amst.* (*Trevoux*) 1743. *3 vol. in-12. fig.*

1651. Voyages du Baron de la Hontan dans l'Amérique septentrionale. *Amst.* (*Rouen*) 1728 *3 tom. en 2 vol. in-12. fig.*

1652. Avantures du sieur le Beau, ou voyage curieux parmi les Sauvages de l'Amérique septentrionale. *Amst.* 1738. 2 *vol.* *in-12. fig. v f.*

1653. Voyage de la Baye de Hudson fait en 1746. & 1747. pour la découverte du passage de Nord ouest, trad. de l'Anglois de M. Ellis par M. Ceilius. *Paris,* 1749. 2 *vol. in-12. fig.*

1654. Relation du voyage de M. de Gennes au détroit de Magellan, par Froget. *Paris,* 1699. *in-12. fig.*

1655. Histoire de l'expédition de trois vaisseaux envoyés aux Terres Australes. *La Haye,* 1739. 2 *vol. in-12.*

1656. Nouveaux voyages aux Isles de l'Amérique, par le P. Labat. *Paris,* 1742. 8 *vol. in-12. fig. v. m.*

1657. Voyages de Fr. Coreal aux Indes occidentales, trad. de l'Espagnol. *Amsterd.* 1722. 3 *vol. in-12. fig.*

1658. Relation abregée d'un voyage fait dans l'intérieur de l'Amérique méridionale, par M. de la Condamine. *Paris,* 1745. *in 8.*

1659. Voyage historique de l'Amérique méridionale, fait par ordre du Roi d'Espagne par Don George Juan & Don Antoine de Ulloa, avec une Histoire des Yncas du Pérou. *Amsterd.* 1752. 2 *vol. in-4. fig. v. m.*

1660. Voyage de Marseille à Lima & dans les autres lieux des Indes occidentales, par le sieur Durret. *Paris,* 1720. *in-12.*

1661. Nouveau voyage fait au Pérou par M. l'Abbé Courte de la Blanchardiere. *Paris,* 1751. *in-12.*

Voyages Imaginaires.

1662. Voyages de Gulliver. *Paris*, 1727. *2 vol. in-*12. *fig. v. f.*

1663. Le nouveau Gulliver, trad. d'un mſſ. Anglois par l'Abbé Desfontaines. *Paris*, 1730. *2 vol. in-12.*

1664. La vie & les avantures ſurprenantes de Robinſon Cruſoe, trad. de l'Anglois. *Amſt.* 1743. *3 vol. in-12. fig.*

1665. Hiſtoire des Sevarambes, Peuples qui habitent une partie du troiſiéme Continent, appellé la Terre Auſtrale. *Amſt.* 1716. *2 vol. in-12. fig.*

1666. Les Avantures de Jacques Sadeur dans la découverte & le voyage de la Terre Auſtrale. *Amſt. (Paris)* 1732. *in-12.*

1667. Voyages & Avantures de J. Maſſé. *Cologne*, 1710. *in-12.*

1668. La Vie, les avantures & le voyage de Groenland, du R. P. Cordelier Pierre de Meſange. *Amſt.* 1720. *2 vol. in-12.*

1669. Nic. Klimii iter ſubterraneum novam Telluris theoriam ac hiſtoriam quintæ Monarchiæ adhuc nobis incognitæ exhibens. *Hafniæ*, 1741. *in-8. v. m.*

CHRONOLOGIE.

1670. Theſaurus temporum Euſebii Pamphili Gr. & Lat. ex edit. Joſephi Juſti Scaligeri. *Amſt. apud Janſſonium*, 1658. *in-fol.*

1671. Dion. Petavii rationarium temporum. *Pariſiis*, 1703. *3 vol. in-12. v. f.*

1672. Abregé de la Chronologie de Newton, trad. de l'Anglois. *Paris*, 1725. *in-12.*

HISTOIRE UNIVERSELLE.

$\left\{\begin{array}{l}\end{array}\right.$ Ger. Jo. Voffii de Hiftoricis Latinis Libri 3.
Lugd. Batav. 1651. *in* 4.

1673. —— Ejufdem de Hiftoricis Græcis Libri 4.
Lugd. Batav. 1651. *in-4*.

1674. Méthode facile pour apprendre l'hiftoire de l'Eglife. *Paris*, 1693. *in-*12.

1675. Lettres fur l'Hiftoire par le Vicomte de Boling-broke, trad. de l'Anglois par M. Barbeu Dubourg. *Paris*, 1752. 2 *vol. in-8*.

1676. Juftini Hiftoriarum ex Trogo Pompeio Libri 44. cum notis Voffii. *Lugd. Batav. ex officina Elzeviriana*, 1640. *in* 12. *m. r.*

1677. —— Ejufdem Hiftoriæ cum notis varior. curante Abr. Gronovio. *Lugd. Batav. apud Theod. Haak*, 1719. : *tom. en 2 vol. in* 8. *m. r.*

1678. Pauli Orofii hiftoriarum Libri 7. ut & Apologeticus cum notis varior. recenfuit Sigebertus Havercampus. *Lugd. Batav. apud Potuliet*, 1738. *in-4. v. f. d. s. t.*

1679. Difcours fur l'Hiftoire univerfelle, par M. Jacq. Benigne Boffuet. *Paris, Cramoify*, 1681. *in-4. m. r.*

1680. —— La même, avec la continuation. *Amft.* 1722. 3 *vol. in-*12.

1681. Introduction à l'Hiftoire moderne, générale & politique de l'Univers, commencée par le Baron de Puffendorff, augmentée par Bruzen de la Martiniere, & revûe & augmentée par M. de Grace. *Paris*, 1753. 4 *vol. in-4. fig. avec la foufcription.*

1682. Atlas hiftorique ou nouvelle Introduction à l'Hiftoire, à la Chronologie, & à la Géographie

ancienne & moderne , repréfentée dans de nouvel-
les Cartes par M. C***. avec des differtations ,
par Gueudeville. *Amft.* 1739. 7 *vol. in-fol. fig.*

1683. Hiftoire univerfelle depuis le commencement
du Monde jufqu'à préfent , trad. de l'Anglois d'une
Société de Gens de Lettres. *Amft.* 1742. *& fuiv.*
14 *vol. in-*4. *fig. v. m.*

1684. Jac. Augufti Thuani Hiftoria fui temporis.
Londini , 1733. 7 *vol. in-fol. v. m.*

1685. Hiftoire univerfelle de Jacq. Augufte de Thou ,
depuis 1543. jufqu'en 1607. trad. en François par
l'Abbé des Fontaines & autres. *Londres (Paris)*
1734. 16 *vol. in-*4.

1686. Hiftoire des guerres & des négociations qui pré-
céderent le Traité de Weftphalie , par le P. Bou-
geant. *Paris* , 1744. 3 *vol. in* 4.

1687. Mémoires de ce qui s'eft paffé dans la Chré-
tienté depuis le commencement de la guerre en
1672. jufqu'à la paix conclue en 1679. par le
Chevalier Temple , trad. de l'Anglois. *La Haye* ,
1692. *in-*12.

1688. Hiftoire mémorable des guerres entre les Mai-
fons de France & d'Autriche , par Rouffet. *Amft.*
1749. 6 *vol. in-*12. *v. ec.*

1689. Mémoires hiftoriques, militaires & politiques
de l'Europe , par M. l'Abbé Raynal. *Amft. (Paris)*
1754. 3 *vol. in-*12.

HISTOIRE ECCLESIASTIQUE.

1690. Sulpitii Severi Opera omnia quæ extant. *Lugd.*
Bat. ex officina Elzeviriana , 1643. *in-*12. *v. f.*

1691. —— Eadem Sulpicii Severi Opera cum
notis varior. accurante Georgio Hornio. *Amft. apud*
Elzevirios , 1665. *in-*8. *v. ec.*

1692. Eusebii Pamphili Ecclesiasticæ Historiæ Libri X.
— Ejusdem de vitâ Constantini Libri IV. Gr. &
Lat. ex emendatione Henr. Valesii. *Parisiis , le Petit,*
1678. *in-fol.*

1693. Socratis & Sozomeni Historia Ecclesiastica Gr.
& Lat. ex edit. Henr. Valesii. *Parisiis, Typis le Petit,*
1686. *in-fol.*

1694. Histoire Ecclesiastique par M. l'Abbé Fleury.
Paris , 1722. 36 vol. *in-4.*

1695. Abregé Chronologique de l'Histoire Ecclesias-
tique. *Paris ,* 1751. 2 *vol. in-8. v. m.*

1696. De sacra Ampulla Remensi Tractatus Apolo-
geticus adversus Jo. Jac. Chifletium , auth. Jac.
Alex. Tennevrio. *Parisiis ,* 1652. *in-4. v. f.*

1697. Histoire de la Robe sans couture de N. S. J. C.
par Dom Gerberon. *Paris ,* 1677. *in 12.*

1698. Histoire de Notre-Dame de Liesse, par M.
Villette. *Laon ,* 1708. *in-8.*

1699. Histoire de l'Edit de Nantes jusqu'à l'Edit de
révocation. *Delft ,* 1693. 5 *vol. in 4.*

Histoire des Conciles & des Papes.

1700. Histoire du Concile de Pise , par Jacques
Lenfant. *Amsterdam ,* 1724. 2 *volumes in-4. fig.
v. f.*

1701. Histoire de la guerre des Hussites & du Concile
de Basle, par le même. *Amst.* 1731. 2 *vol. in 4.
fig. v. f.*

1702. Histoire du Concile de Constance , par le
même. *Amsterd.* 1727. 2 *vol. in-4. figur.
v. f.*

1703. Histoire du Concile de Trente de Fra-Paolo
Sarpi , trad. par Amelot de la Houssaïe. *Amsterd.*
1686. *in-4.*

1704. — La même Hiftoire du Concile de Trente , écrite en Italien par Fra-Paolo , & trad. en François avec des notes, par P. Fr. le Courayer. *Londres* , 1756. 2 *vol. in fol. m. r.*

1705. Hiftoire des Peres , par Bruys. *La Haye* , 1732. 5 *vol. in-4. v. m.*

1706. La Vie du Pape Alexandre VI. *Amft.* 1732. 2 *vol. in-12.*

1707. La Vie du Pape Sixte V. trad. de l'Italien de Gregorio Leti. *Paris* , 1731. 2 *vol. in-12. fig.*

1708. L'origine des Cardinaux du S. Siége. *Cologne*, 1712. *in-12.*

1709. Numerus & tituli Cardinalium , Archiepifco-porum & Epifcoporum Chriftian. Taxæ & valor Beneficiorum regni Galliæ. *Parifiis* , 1553. *in-16.*

*Hiftoire des Ordres Monaftiques & Religieux ,
& des Ordres Militaires.*

1710. Hiftoire des Ordres Monaftiques , Religieux & Militaires ; par Helyot. *Paris* , 1714. 8 *vol. in-4. fig.*

1711. Hiftoire des Ordres Monaftiques. *Berlin*, 1751. 7 *vol. in-12.*

1712. Imago primi fæculi Societatis Jefu. *Antuerpiæ ex officina Plantiniana* , 1640. *in fol. fig.*

1713. Recueil des Lettres Patentes octroyées aux Jé-fuites par les Rois Henri IV. & Louis XIII. concer-nans leurs rétabliffemens, avec la Remontrance du Parlement. *Paris* , 1612. *in-8.*

1714. Apologie pour les P. Jéfuites , & autres piéces. *Paris* , 1615. *in 12.*

1515. La guerre Seraphique. *La Haye* , 1740. *in-12. v. f.*

T

1716. Copie d'une Lettre écrite de l'Abbaïe de la Trappe à Me. de Ligny. *in-4. mff. m. r.*

1717. Histoire de la Congrégation des filles de l'Enfance. *Amft.* 1734. *2 voi. in-12.*

1718. Histoire des trois Ordres réguliers & militaires des Templiers, Teutons, Hospitaliers ou Chevaliers de Malthe. *Paris,* 1725. *2 vol in-12.*

1719. Les Statuts de l'Ordre du S. Esprit. *Paris, de l'Imprimerie Royale,* 1703. *in-4. l. r. m. r.*

1720. Statuts de l'Ordre de S. Michel. *Paris, de l'Impr. Royale,* 1725. *in-4.*

Martyrologes & Vies des Saints.

1721. La Vie des Saints, par Adr. Baillet. *Paris,* 1704. 17 *vol. in-8.*

1722. Les Vies des Saints Peres des Déferts, par Arnauld d'Andilly. *Paris, le Petit,* 1675. *3 vol. in-8.*

1723. La Vie de S. François de Sales, par Marfollier. *Paris,* 1701. *2 voi. in 12. v. f.*

1724. Abregé de la vie & des vertus du bienhureux Vincent de Paul. *Paris,* 1729. *in-12.*

1715. La Vie du bienheureux Pere Joseph de Leoniffa, Capucin, par le P. Daniel. *Paris,* 1738. *in-12. v. f.*

1726. La Vie de la vénérable Mere Marguerite Marie, Religieuse de la Visitation Sainte Marie, par J. Jof. Languet. *Paris,* 1729. *in-4.*

Hiſtoire des Religions, Sectes & Héréſies,
& des Inquiſitions.

1727. Hiſtoire critique des pratiques ſuperſtitieuſes qui ont ſéduit les Peuples, par J. le Brun. *Paris,* 1750. 4 *vol. in-12. v. ec.*

1728. Cérémonies & Coutumes Religieuſes de tous les Peuples du Monde, repréſentées par des figures deſſinées de la main de Bern. Picart, avec une explication hiſtorique. *Amſt, Bernard,* 1723. 8 *tom.* en 7 *vol. in-fol.*

1729. Les Hiſtoires du ſieur Maimbourg. *Paris, Cramoiſy,* 1686. 14 *vol. in-4. v. j.*

1730. Hiſtoire critique de Manichée & du Manichéiſme, par de Beauſobre. *Amſterd.* 1734. 2 *vol. in-4. v. m.*

1731. Hiſtoire des flagellans, trad. du Latin de l'Abbé Boileau. *Amſt.* (*Paris*) 1732. *in-12.*

1732. Nouveau Recueil de tout ce qui s'eſt fait pour & contre les Proteſtans, particuliérement en France, par Jacques le Fevre. *Paris,* 1690. *in-4. m. r.*

HISTOIRE ANCIENNE.

I. *Hiſtoire des Juifs, des Chaldéens, des Babyloniens, des Aſſyriens, des Perſes, &c.*

1733. Flavii Joſephi quæ reperiri potuerunt omnia Gr. & Lat. ex edit. Jo. Hudſoni. *Oxonii è Theatro Sheldoniano,* 1720 2 *vol. in-fol.*

1734. Hiſtoire des Juifs écrite par Joſeph, trad. par Arnauld d'Andilly. *Bruxelles,* 1701. 5 *vol. in-12. v. ſ.*

1735. L'Hiftoire & la Religion des Juifs, depuis J. C. jufqu'à préfent, par Bafnage. *Rotterdam*, 1707. *6 vol. in* 12.

1736. Hiftoire du Monde facré & profane pour fervir d'introduction à l'Hift. des Juifs de Prideaux, par Snuckford, trad. de l'Anglois par Bernard. *Leyde*, 1738. 2 *vol. in-*12. *v. f.*

1737. Hiftoire des Juifs & des Peuples.voifins, depuis la décadence des Royaumes d'Ifraël & de Juda, jufqu'à la mort de J. C. par Prideaux, trad. de l'Anglois. *Amft.* 1728. *6 vol. in-12. fig.*

1738. Hiftoire de l'ancien & du nouveau Teftament, & des Juifs pour fervir d'introduction à l'Hiftoire Eccléfiaftique de M. l'Abbé Fleury, par le R. P. D. Aug. Calmet. *Paris*, 1719. 2 *vol. in-* 4. *fig.*

1739. Hiftoire du Peuple de Dieu depuis fon origine jufqu'à la Naiffance du Meffie, par le Pere Berruyer. *Paris, Veuve Piffot*, 1728. *7 tom. en* 8 *vol. in-*4. *v. ec.*

N. B. On a joint dans cet Exemplaire les figures de la Bible de de Marne.

1740. Hiftoire du Peuple de Dieu depuis la naiffance du Meffie jufqu'à la fin de la Synagogue, tirée des feuls Livres faints par le P. Berruyer. *La Haye*, (*Paris*) 1753. 8 *vol. in-12. v. m.*

1741. Hiftoire Ancienne de M. Rollin. *Paris*, 1737. 14 *vol. in-*12.

1742. Dictys Cretenfis & Dares Phrygius de Bello Trajano. *Amft. Blaew*, 1630. *in-*16.

1743. — Idem cum interpret. Annæ Daceriæ & notis varior. *Amft. apud Gallet*, 1702. 2 *vol. in-*8. *v. f. d. s. t. fig.*

1744. Hiſtoire des Amazones, par l'Abbé Guyon. *Paris*, 1740. *2 tom. en un vol. in-*12. *v. f.*

1745. L'Hiſtoire Profane, par Dupin. *Anvers*, 1717. 6 *vol. in-*12.

II. *Hiſtoire Grecque.*

1746. Pauſaniæ Græciæ deſcriptio accurata. Gr. & Lat. ex edit. Joachimi Kuhnii. *Lipſiæ*, 1696. *in-fol. v. f.*

1748. Pauſanias ou voyage hiſtorique de la Grece, trad. en François avec des remarques, par l'Abbé Gedoyn. *Paris*, 1731. 2 *vol. in-*4. *fig. v. m.*

1748. Herodoti Hiſtoriarum Libri IX. Gr. & Lat. ex editione Jac. Gronovii. *Lugd. Batav.* 1715. *in-fol.*

1749. Les Hiſtoires d'Herodote miſes en François par du Ryer. *Paris*, 1645. *in-fol. grand papier. l. r. v. f.*

1750. Thucydidis de Bello Peloponneſiaco Libri VIII. Gr. & Lat. cum notis H. Stephani & J. Hudſoni, ex recenſione Joſephi Waſſe, curante Andr. Dukero. *Amſt.* 1731. *in-fol.*

1751. L'Hiſtoire de Thucydide de la guerre du Peloponeſe, traduite par Perrot d'Ablancourt. *Paris*, 1733. 3 *vol. in-*12.

1752. Xenophontis Opera Gr. & Lat. ex edit. Jo. Leunclavii. *Pariſiis*, *Typis regiis*, 1625. *in-fol. carta magna. l. r. m. r.*

1753. La Cyropœdie ou l'Hiſtoire de Cyrus, trad. du Grec de Xenophont par Charpentier. *Paris*, 1749. 2 *vol. in-*12.

1754. Diodori Siculi Bibliothecæ hiſtoricæ Libri qui ſuperſunt Gr. & Lat. ex recenſione P. Weſſelingii. *Amſt. apud Wetſtenios*, 1746. 2 *vol. in-fol. v. ec.*

1755. Histoire universelle de Diodore de Sicile, trad. en François par l'Abbé Terrasson. *Paris*, 1737. 7 *vol. in-*12. *v. f.*

1756. Histoire de Philippe, Roi de Macédoine, & Pere d'Alexandre le Grand, par M. Olivier. *Paris*, 1740. 2 *vol. in* 12.

1757. Arriani de expeditione Alex. Magni Historiarum Libri 7. — Ejusdem Ars Tactica Gr. & Lat. cum notis variorum, ex recensione Nic. Blancardi. *Amst. apud Janssonium*, 1668. & 1683. 2 *vol. in* 8. *m. r.*

1758. — Ejusdem Arriani expeditionis Alexandri Libri 7. & Historia Indica Gr. & Lat. ex edit. Jac. Gronovii. *Lugd. Batav*, 1704. *in-fol. v. f.*

1759. Les guerres d'Alexandre par Arrian, trad. par Nic. Perrot d'Ablancourt. *Paris*, 1664. *in* 12.

1760. Q. Curtius. *Lugd. Batav. ex officina Elzeviriana*, 1635. *in-*12. *m. r.*

1761. — Idem cum Commentario Sam. Pitisci & notis varior. *Ult ajecti apud Fr. Halma*, 1685. 1 *tom.* en 2 *vol. in* 8 *m. r.*

1762. — Idem Q. Curtius cum notis varior. curavit Henr. Snakemburg. *Lugd. Batav. apud Luchtmans*, 1724. 2 *vol. in* 4. *fig. v. f.*

1763. — Idem cum supplementis Freinshemii. *Hagæ Comitum*, 1727. 2 *vol. in* 12. *fig.*

1764. Quinte Curce de la vie & des actions d'Alexandre le Grand, de la Traduction de Vaugelas. *La Haye* 1729. 2 *vol. in* 12. *v. ec. fig.*

1765. Histoire des sept Sages, par de Larrey. *La Haye*, 1721. 2 *vol. in-*8.

1766. Les mœurs & les usages des Grecs, par M. Menard. *Lyon*, 1743. *in-*12.

III. *Histoire Romaine.*

1767. Titi Livii Historiarum Libri ex recensione Gronovii. *Lugd. Bat. ex officina Elzeviriana*, 1645. 4 *vol. in* 12. *v. m. d. s. t.*

1768. — Ejusdem historiarum quod extat cum notis Gronovii & variorum. *Amst. apud Elzevirios*, 1665. 3 *tom. en* 5 *vol. in*-8. *v. m.*

1769. —— Ejusdem historiarum ab urbe condita, Libri qui supersunt XXXV. ex recensione J. B. H. Crevier. *Parisiis*, 1735. 6 *vol. in*-4. *carta magna. v. ec.*

1770. —— Ejusdem Historiæ cum notis variorum, curante Arn. Drakenborch. *Amst. Luchtmans*, 1738. 5 *vol. in*-4. *v. f.*

1771. —— Ejusdem Historiæ ex edit. Rudimanni. *Edimburgi*, 1751. 4 *vol. in* 12. *v. f. d. s. t.*

1772. Histoire Romaine de Tite Live, trad. en François par Guerin. *Paris*, 1739. 10 *vol. in*-12.

1773. Dionysii Halycarnassensis Antiquitatum Romanarum Libri quotquot supersunt Gr. & Lat. ex edit. Jo. Hudsoni. *Oxoniæ e Theatro Sheldoniano*, 1704. 2 *vol. in-fol. v. f.*

1774. Les Antiquités Romaines de Denys d'Halicarnasse, trad. en François avec des notes, par l'Abbé Bellanger. *Paris*, 1723. 2 *vol. in*-4. *fig.*

1775. M. Velleius Paterculus cum notis Vossii. *Lugd. Batav. ex officina Elzeviriana*, 1639. *in*-12. *v. f.*

1776. —— Idem cum notis variorum. *Lugd. Bat.* 1653. *in*-8.

1777. C. Velleii Paterculi Historiæ Romanæ Libri duo, accurante Steph. And. Philippe. *Parisiis, David*, 1746. *in*-12.

1778. L. A. Florus. *Lugd. Batav. apud Elzevirios ,* 1638. *in-12.*

1779. — Idem Florus cum notis Salmafii & varior. *Lugd. Batav. ex officina Elzeviriana ,* 1665. *in-8. v. ec.*

1780. — Ejufdem rerum Romanarum Libri duo priores in ufum Principis regni & Electoratus Brandenburgici hæredis , ex edit. Laur. Begeri. *Coloniæ Marchicæ ,* 1704. *in-fol. fig.*

1781. Eutropii Hiftoriæ Romanæ Breviarium , notis & emendationibus illuftravit Anna Tanaquilli Fabri filia , in ufum Delphini. *Parifiis ,* 1683. *in-4.*

1782. — Idem Eutropius , Meffala Corvinus de Augufti progenie , Julius obfequens de prodigiis , &c. *Oxonii è Theatro Sheldoniano ,* 1703. *in-8. v. f.*

1783. — Idem. *Parifiis , Merigot ,* 1746. *in-12. m̄. r.*

1784. Sex. Aurelii Victoris Hiftoriæ Romanæ Breviarium cum notis varior. *Amfterd.* 1670. *in-8. v. m.*

1785. — Ejufdem Hiftoria Romana cum notis varior. curante Jo. Arntzenio. *Amft. apud Waesbergios ,* 1733. *in-4. v. f.*

1786. Polybii hiftoriarum Libri qui fuperfunt Gr. & Lat. ex recenfione Jac. Gronovii & cum notis varior. *Amft. apud Janffonium ,* 1670. *3 tom. en 5 vol. in-8. m. r.*

1787. Hiftoire de Polibe , trad. du Grec par D. Vincent Thuillier , avec un Commentaire & des notes, par le Chevalier de Folard. *Paris ,* 1727. *6 v. in 4. fig. gr. pap.*

1788. Appiani Alexandrini Hiftoria Romana Gr. & Lat. ex emendatione Alex. Tollii & Henr. Stephani cum notis variorum. *Amft. apud Janffonium ,* 1670. *2 vol. in-8. m. r.*

1789.

1789. C. Salluſtius Criſpus. *Lugd. Batav. ex officina Elzeviriana*, 1634. *in-12. v. f.*

1790. C. Salluſtii Criſpi quæ extant ex recenſione Gronovii & cum notis varior. *Lugd. Bat. ex officina Hackiana*, 1665. *in 8. l. r. m. r.*

1791. — Ejuſdem quæ extant Opera ex edit. Steph. And. Philippe. *Pariſiis, David*, 1744. *in-12. v. m. d. s. t.*

1792. C. Julii Cæſaris quæ extant ex emendatione Scaligeri. *Lugd. Batav. ex officina Elzeviriana;* 1635. *in-12. v. ec. d. s. t.*

1793. — Ejuſdem quæ extant omnia cum notis Voſſii & aliorum. *Lugd. Batav. Luchtmans*, 1713. *in 8. l. r. m. r.*

1794. — Ejuſdem de Bellis Gallico & Civili Pompeiano, nec non Hirtii, aliorumque de Bellis Alexandrino, Africano & Hiſpanienſi Commentarii, cum notis varior. curante Fr. Oudendorpio. *Lugd. Batav. Luchtmans*, 1737. 2 *vol. in-4. fig. v. f.*

1795. — Ejuſdem & A. Hirtii de rebus à Cæſare geſtis Commentarii cum fragmentis, ex editione Sam. Clarke. *Glaſguæ Foulis*, 1750. *in-fol. l. r. v. f. d. s. t.*

1796. — Ejuſdem Commentariorum de Bello Gallico & de Bello Givili Libri X. *Pariſiis, Barbou*, 1755. 2 *vol. in 12. bl.*

1797. Les Commentaires de Céſar, trad. nouvelle. *La Haye*, 1743. 2 *vol. in-12. fig. v. f.*

1798. C. Cornelius Tacitus ex Lipſii editione cum notis Grotii. *Lugd. Batav. ex officina E z viriana*, 1640. 2 *vol. in-12. v. m. d. s t.*

1799. C. Cornelii Taciti Opera quæ extant cum notis variorum ex recenſione Gronovii. *Amſterd. apud Dan. Elzevirium*, 1672. 2 *tom. en* 4 *vol. in 8. v. m.*

1800. —— Ejufdem Opera ex edit. Jac. Grono-
vii. *Glafguæ Foulis*, 1753. 4 *vol. in-12. carta
magna. v. f. d .s. t.*

1801. Tacite avec des notes politiques & hiſtoriques,
par Amelot de la Houſſaie. *Amſt.*, 1716. 4 *vol.
in-12.*

1802. Diſcours hiſtoriques, critiques & politiques
ſur Tacite, trad. de l'Anglois de Th. Gordon. *Amſt.*
(*Paris*) 17,1. 3 *vol. in-12.*

1803. C. Suetonius Tranquillus. *Pariſiis, è Typogra-
phiâ regiâ*, 1644. *in 12. m. r.*

1804. — Idem cum notis variorum. *Lugd. Batav.
apud Hackium*, 1656. *in-8.*

1805. C. Suetonii Opera, & in illa Commenta-
rius Samuëlis Pitiſci. *Leovardiæ apud Halma*, 1714.
2 *vol. in-4. fig. v. f.*

1806. Dionis Caſſii Hiſtoriæ Romanæ Libri 46. Gr.
& Lat. ex edit. Jo. Leunclavii. *Hanoviæ*, 1606.
in-fol.

1807. Herodiani Hiſtoriæ è Græco tranſlatæ Angelo
Politiano interprete. *Pariſiis, Rob. Stephanus*,
1544. *in-8. m. v.*

1808. Herodiani Hiſtoriarum Libri VIII. cum notis
Gr. & Lat. *Oxoniæ e Theatro Sheldoniano*, 1704.
in-8. v. f.

1809. Hiſtoriæ Auguſtæ Scriptores ſex, Ælius Spar-
tianus, Jul. Capitolinus, Ælius Lampridius, Vul.
Gallicanus, Trebell. Pollio, Flavius Vopiſcus,
cum notis Caſauboni & variorum. *Lugd. Batav.
ex officina Hackiana*, 1671. 2 *tom. en 3 volum.
in-8. m. r.*

1810. Ammiani Marcellini rerum geſtarum qui de
XXXI. ſuperſunt Libri XVIII. ex emendatione
Henr. Valeſii, & cum notis Hadr. Valeſii. *Pariſiis*,
1681. *in-fol.*

1811. Hiſtoire Romaine depuis la fondation de Rome juſqu'à la priſe de Conſtantinople par Mahomet II. trad. de l'Anglois de Laurent Echard. *Paris*, 1728. 16 *vol. in*-12.

1812. Hiſtoire Romaine depuis la fondation de Rome, par les PP. Catrou & Rouillé. *Paris*, 1725. 20 *vol. in* 4. *gr. pap. v. f. fig.*

1813. Hiſtoire des révolutions arrivées dans le gouvernement de la République Romaine, par l'Abbé de Vertot. *La Haye*, 1727. 3 *vol. in*-12.

1814. Hiſtoire des Empereurs qui ont regné pendant les ſix premiers ſiécles de l'Egliſe, par le ſieur de Tillemont. *Paris*, 1690. 6 *vol. in* 4. *v. f.*

1815. Hiſtoire de Conſtantin le Grand, par le P. D. Bernard de Varenne. *Paris*, 1728. *in* 4.

1816. Vie de l'Empereur Julien, par M. l'Abbé de la Bleterie. *Paris*, 1735. *in*-12.

1817. Hiſtoire de l'Empereur Jovien, & traduction de quelques Ouvrages de Julien, par M. l'Abbé de la Bleterie. *Paris*, 1748. 2 *vol. in*-12. *v. m.*

1818. Procopii Cæſarienſis Arcana Hiſtoria Gr. & Lat. ex edit. Nic. Alemanni. *Lugduni*, 1623. *in-fol.*

1819. Des Mœurs & des Uſages des Romains. *Paris*, 1744. 2 *vol. in* 12.

1820. Mœurs & Coutumes des Romains, par M. Bridault. *Paris*, 1754. 2 *vol. in*-12. *v. f.*

HISTOIRE MODERNE.

I. *Hiſtoire d'Italie.*

1821. Rome ancienne & Rome moderne, avec toutes ſes magnificences & ſes délices, par Fr. Deſeine. *Leyde*, 1713. 10 *tom. en* 5 *vol. in*-12. *fig. v. f.*

1822. Les delices de l'Italie. *Amst.* (*Paris*) 1743. 4 *vol. in* 12. *fig.*

1823. Nouveau Théâtre d'Italie , ou déscription exacte de ses Villes, Palais, Eglises, &c. *La Haye,* 1724. 4 *vol. in fol gr. pap. fig.*

1824. Histoire des guerres d'Italie , trad. de l'Italien de Fr. Guichardin. *Londres* (*Paris*) 1738. 3 *vol. in* 4.

1825. Histoire de Nic. Rienzy, par M. de Boispreaux, (Desjardins). *Paris ,* 1743. *in* 12.

1826. Histoire Civile du Royaume de Naples , trad. de l'Italien de P. Giannone. *La Haye (Geneve)* 1742 4 *vol. in* 4.

1827. Anecdotes Ecclésiastiques tirées de l'Histoire du Royaume de Naples , de Giannone. *Amst.* 1758. *in* 12. *v. ec.*

1828. Description de l'Isle de Sicile , par P. del Callejo y Angulo. *Amst.* 1734 *in* 8.

1829. Histoire des Rois des deux Siciles de la Maison de France , par M. d'Egly. *Paris ,* 1741. 4 *vol. in* 12. *v. f.*

1830. Histoire du Gouvernement de Venise, par Amelot de la Houssaie. *Amst.* 1705. 3 *vol. in* 12. *fig. v. f.*

1831. Histoire de la République de Genes. *Paris,* 1742. 3 *vol. in* 12.

1832. Histoire des révolutions de Genes. *Paris,* 1753. 3 *vol. in* 12. *v. m.*

1833. Histoire des révolutions de l'Isle de Corse, & de l'élévation de Theodore I. sur le trône de cet Etat. *La Haye,* 1738. *in* 12.

1834. Nouveau Théâtre du Piémont & de la Savoye, ou description de leurs Villes, Palais, Eglises, &c. *La Haye ,* 1725. 4 *vol. in-fol. gr. pap. fig.*

II. *HISTOIRE DE FRANCE.*

Topographie , ou Description générale de la France.

1835. Description historique & géographique. de la France ancienne & moderne, par l'Abbé de Lon-guerue. *Paris ,* 1722. *in-fol.*

Histoire ancienne des Gaules , & la notice générale du royaume de France.

1836. Etat de la France avec des Mémoires histori-ques fur l'ancien Gouvernement de cette Monar-chie, par le Comte de Boulainvilliers. *Londres ,* 1727. *3 vol. in-fol.*

1837. Histoire du Gouvernement de la France , de l'origine & de l'autorité des Paits du Royaume & du Parlement , par le Laboureur. *La Haye ,* 1743. *in* 12. *v. ec.*

1838. Pauli Æmilii Galliæ Antiquitates à primâ Gentis origine , 2 *vol. in-4. mss. fur velin avec les Lettres initiales peintes en or. Cet Exemplaire paroît avoir appartenu au Cardinal de Bourbon.*

1839. Histoire critique de l'Etablissement des Bretons dans les Gaules ; par l'Abbé de Vertot. *Paris ,* 1720. 2 *vol. in-*12.

1840. Les Oeuvres d'Etienne Pafquier. *Amst.* 1723. 2 *vol. in-fol. gr. pap. v. f. d. s. t.*

1841. Les Mœurs & Coutumes des François dans les premiers tems de la Monarchie , par l'Abbé le Gen-dre. *Paris ,* 1753. *in-*12.

1842. Histoire critique de l'Etablissement de la Mo-narchie Françoise dans les Gaules , par l'Abbé Du-bos. *Paris ,* 1734. 3 *vol. in-*4.

Hiſtoire générale de France.

1843. Recueil des Hiſtoriens des Gaules & de la France, par Dom Martin Bouquet. *Paris*, 1738. & *ſuiv.* 9 *vol. in-fol. v. m. avec la ſouſcription.*

1844. Hiſtoire de France, par de Mezeray. *Paris, Guillemot*, 1643. 3 *vol. in-fol. gr. pap. l. r. m. bl.*

1845. Abregé Chronologique de l'Hiſtoire de France, par de Mezeray. *Amſt.* 1673. 6 *vol. in-*12.

1846. — Le même, par de Mezeray. *Amſt.* (*Paris*) 1740. 13 *vol. in-*12. *v. ec.*

1847. Hiſtoire de France depuis l'Etabliſſement de la Monarchie Françoiſe dans les Gaules, par le P. Daniel. *Paris*, 1755. 16 *vol. in-*4. *v. m.*

1848. Abregé de l'Hiſtoire de France, par le P. Daniel. *Paris*, 1751. 12 *vol. in-*12. *v. ec.*

1849. — Le même, par M. Boſſuet. *Paris*, 1747. 4 *vol in-*12. *v. m.*

1850. Annales de la Monarchie Françoiſe depuis ſon Etabliſſement juſqu'à préſent, par de Limiers. *Amſt.* 1724. 3 *tom. en un vol. in-fol. fig.*

1851. Hiſtoire de France, par M. l'Abbé Velly. *Paris*, 1755. 4 *vol. in-*12. *v. m.*

1852. Nouvel Abregé Chronologique de l'Hiſtoire de France, par M. le Préſident Haynault, avec le ſupplément. *Paris*, 1749. 2 *vol. in*4. *gr. pap. v. ec.*

1853. Hiſtoire des révolutions de France, par de la Hode. *La Haye*, 1738. 4 *vol. in-*12.

1854. Les monumens de la Monarchie Françoiſe, par Dom Bernard de Montfaucon. *Paris*, 1729. 5 *vol. in-fol. gr. pap. fig.*

Histoire particuliere de France sous chaque régne.

1855. Histoire du régne de Charlemagne, par M. de la Bruere. *Paris*, 1745. 2 *tom. en un vol. in-*12. *v. f.*

1856. Histoire de S. Louis écrite par J. Sire de Joinville avec des differtations historiques & des obfervations, par Ch. du Frefne, fieur du Cange. *Paris*, *Cramoify*, 1668. *in-fol.*

1857. Histoire du différend d'entre le Pape Boniface VIII. & Philippe le Bel, par Dupuy. *Paris*, 1755. *in-fol. gr. pap.*

1858. Histoire des démêlés du Pape Boniface VIII. avec Philippe le Bel, par Adr. Baillet. *Paris*, 1718. *in-*12.

1859. Histoire de Charles VI. par J. Juvenal des Urfins, avec les annotations & obfervations hiftoriques de Denis Godefroy. *Paris*, *de l'Impr. Royale*, 1653. *in fol.*

1860. Histoire de Charles VII. par J. Chartier, enrichie de plufieurs Piéces hiftoriques, par Denis Godefroy. *Paris*, *de l'Imprimerie Royale*, 1661. *in-fol.*

1861. Heroïnæ nobiliffimæ Joannæ Darc Lotharingæ vulgo Aurelianenfis puellæ Hiftoria. *Ponti-Muffi*, 1612. *in-*4.

1862. Histoire de Jeanne Darc, Héroïne & Martyre d'Etat, par l'Abbé Lenglet Dufrefnoy. *Paris*, 1753. 2 *tom. en un vol. in-*12. *v. m.*

1863. Histoire de Louis XI. par de Mathieu. *Paris*, 1610. *in fol.*

1864. —— La même, par M. Duclos. *Paris*, 1745. 4 *vol. in-*12. *v. f.*

1865. Chronique & Hiſtoire faite par Phil. de Co-
mines. *Paris*, *in-4. Goth.*

1866. Les Mémoires de Me. Philippe de Comines,
revûs & augmentés de pluſieurs Traités, par De-
nis Godefroy. *Paris*, *de l'Imprim. Royale*, 1649.
in-fol.

1867. —— Les mêmes donnés par Godefroy. *Bru-
xelles*, 1723. *5 vol. in-8.*

1868. Hiſtoire de Charles VIII. par Guill. de Saligny,
André de la Vigne, &c. enrichie de pluſieurs Piéces
hiſtoriques, par Godefroy. *Paris*, *de l'Impr. royale*,
1684. *in-fol.*

1869. Mémoires de Martin & Guill. du Bellai Langei
mis en un nouveau ſtile, auxquels on a joint les Mé-
moires de Fleuranges, par M. l'Abbé Lambert.
Paris, 1753. *7 vol. in-12. v. m.*

1870. Le Siége de Metz en 1552. *Paris*, 1553.
in-4.

1871. Les Mémoires de Me. Michel de Caſtelnau,
donnés par J. le Laboureur. *Bruxelles*, 1731. *3 vol.
in-fol. v. f.*

1872. Mémoires de l'Etat de France ſous Charles IX.
Meidelbourg, 1578. *3 vol. in 8. vel. d. s. t.*

1873. Les Mémoires de Condé ſervant d'éclairciſſe-
ment & de preuves à l'Hiſtoire de M. de Thou,
donnés par l'Abbé Lenglet Dufreſnoy. *Paris*, 1743.
6 vol. in-4.

1874. Journal de Henri III. par P. de l'Eſtoile. *La
Haye*, (*Paris*) 1744. *5 vol. in 8. v. f.*

1875. Recueil de diverſes Piéces ſervant à l'Hiſtoire
de Henri III. *Cologne*, 1666. *m. à compart.*

1876 Les Mémoires de la Ligue ſous Henri III. &
Henri IV. 1602. *6 volum. in-8. vel. lav. regl.
d. s. t.*

1877.

1877. Journal du régne de Henri IV. par P. de l'Etoile, avec des remarques hiftoriques. *La Haye* , (*Paris*) 1741. 4 *vol. in-8. v. f.*

1878. Hiftoire du Roi Henri le Grand , par Hardouin de Perefixe. *Amft. Elzevier* , 1661. *in-12. m. r.*

1879. Les Avantures du Baron de Fœnefte , par Theodore Agrippa d'Aubigné. *Amfterd.* 1731. *2 vol. in-12. v. f.*

1880. Mémoires de la vie de Theod. Agrippa d'Aubigné, écrits par lui-même , avec les Mémoires de Frederic Maurice de la Tour , Prince de Sedan. *Amft.* 1731. *2 tom. en un vol. in-12.*

1881. Le tocfin contre les maffacreurs & auteurs des confufions en France. *Reims* , 1579. *in 12.*

1882. Satyre Menippée de la vertu du Catholicon d'Efpagne , & de la tenue des Etats de Paris. *Ratisbonne , Kerner* , 1664. *in-12. m. à compart.*

1883. —— La même. *Ratisbonne* , 1709. *3 vol. in-8. v. f. fig.*

1884. Chronologie novenaire ou l'Hiftoire de la guerre fous le régne d'Henri IV. par P. Victor Cayet. *Paris* , 1608. *3 vol. in-8. vel. d. s. t.*

1885. Chronologie feptenaire , ou l'Hiftoire de la paix entre les Rois de France & d'Efpagne. *Paris* , 1612. *in-8. vel. d. s. t.*

1886. Le Mercure François ou la fuite de l'Hiftoire de la Paix , commençant l'an 1605. par Cayet. *Paris.* 1619. *25 vol. in-8. lav. regl. vel. d. s. t.*

1887. Mémoires des fages & royales œconomies d'Etat domeftiques , politiques & militaires de Henri le Grand , & des fervitudes , obéiffances & adminiftrations loyales de Maximilien de Bethune. *Amft.* 4 *tom. en 2 vol. in fol.*

1888. Mémoires de Maximilien de Bethune , Duc de Sully , mis en ordre avec des remarques , par

X.

M. L. de l'Ecluse. *Londres* (*Paris*) 1745. 8 *vol.*
in-12.

Discours lamentable sur l'attentat & parricide
commis en la personne de très-heureuse
mémoire Henri IV. *Lyon*, 1610.

La Chemise sanglante d'Henri le Grand.

Censura S. Facultatis Theologiæ Paris. in
Librum Ant. Sanctarelli de heresi, &c.

Le Tocsin au Roi contre le Livre de la Puis-
sance temporelle du Pape, par le Cardinal
de Bellarmin. 1610.

Le Decret du Concile de Constance sur la
sacrée Personne des Rois.

1889. Horoscopus Anticotonis. 1614.

Arrêt de la Cour du Parlement donné le 26
Juin 1614. contre le Livre intitulé,
Fr. Suarez defensio fidei Catholicæ. *Rouen*,
1614.

Arrêt de la Cour du Parlement touchant la
souveraineté du Roi au temporel. 1615.

La finesse des Jésuites découverte. 1621.

Le Bon Ange du Roi. *Lyon*, 1599.

Le Pressoir des Esponges du Roi, par Bour-
goin. 1624. *in-8.*

1890. Histoire du Regne de Louis XIII. par Michel
le Vassor *Amst.* 1701. 19 *vol. in-12. fig. v. f.*

1891. Histoire de la Régence de la Reine Marie de
Medicis, par Fr. de Mezeray. *La Haye*, 1743.
in-4.

1892. Mémoires pour servir à l'Histoire d'Anne d'Au-
triche, épouse de Louis XIII. par Mc. de Motte-
ville. *Amst.* (*Paris*) 1739. 6 *vol. in-12. v. ec.*

1893. La disgrace du favori de la fortune, *Paris*,
1617. & autres Piéces sur le Marquis d'Ancre.
in-12.

1894. Vie du Cardinal Duc de Richelieu, par le Clerc. *Cologne*, 1696. 2 *vol. in*-12.

1895. Anecdotes du Miniftere du Cardinal de Richelieu & du Regne de Louis XIII. trad. de l'Italien du Mercurio de Siri, par de Valdore. *Amft.* 1717. 2 *vol. in*-12. *v. f.*

1896. Le véritable Pere Jofeph, Capucin nommé au Cardinalat, contenant l'Hiftoire anecdote du Cardinal de Richelieu. *A Saint Jean de Maurienne*, 1704. *in*-12·

1897. Mémoires de Henri, dernier Duc de Montmorency. *Paris*, 1666. *in*-12.

1898. Mémoires du Maréchal de Baffompierre. *Cologne*, 1665. 2 *vol. in*-12. *v. ec.*

1899. Ambaffades du Maréchal de Baffompierre. *Cologne*, 1668. 4 *vol. in*-12. *m. r.*

1900. Mémoires du Duc de Rohan. *Paris*, 1661. 2 *vol. in*-12.

1901. Mémoires de Gafpard, Comte de Chavagnac. *Befançon*, 1699. 2 *vol. in*-12.

1902. Mémoires du Comte de Brienne. *Amft.* 1719. 3 *vol. in*-12. *v. f.*

1903. Mémoires d'Etat de Villeroy. *Amft.* (*Trevoux*) 1725. 7 *vol. in*-12.

1904. Mémoires du Comte de Rochefort. *La Haye*, 1707. *in*-12.

1905. L'Efpion dans les Cours des Princes Chrétiens. *Cologne*, 1715. 6 *vol. in*-12. *fig.*

1906. Effai de l'Hiftoire du régne de Louis le Grand. *Cologne*, 1700. *in*-12. *v. f.*

1907. Hiftoire du régne de Louis XIV. par de Limiers. *Amft.* 1717. 7 *vol. in*-12. *fig.*

1908. Hiftoire de France fous le régne de Louis XIV. par de Larrey. *Rotterdam*, (*Rouen*) 1734. 3 *vol. in*-4.

1909. Histoire du régne de Louis XIV. par M. Reboulet. *Avignon*, 1744. 3 *vol. in-4.*

1910. Histoire de la vie & du régne de Louis XIV. par Bruzen de la Martiniere. *La Haye*, 1740. 5 *vol. in-4. gr. pap. v. f.*

1911. Histoire militaire du régne de Louis le Grand, par le Marquis de Quincy. *Paris*, 1726. 8 *vol. in 4. gr. pap. v. f.*

1912. Mémoires pour servir à l'Histoire de Louis XIV. par l'Abbé de Choisy. *Utrecht*, 1727. *in-12.*

1913. Mémoires & réflexions sur les principaux événemens du régne de Louis XIV. par le Marquis de la Farre. *Rotterdam*, 1716. *in-12. v. f.*

1914. Mémoires du Duc de la Rochefoucault. *Cologne*, 1677. *in-12.*

1915. L'Histoire du Cardinal Mazarin, par Aubery. *Amst.* 1718. 3 *vol. in-12.*

1916. Lettres du Cardinal Mazarin. *Amst. Paris*, 1745. 2 *vol. in-12.*

1917. { Mémoires du Cardinal de Retz. *Amst.* 1719. 4 *vol. in-12.*
{ Mémoires de Joli. *Amsterd.* 1718. 2 *vol. in-12.*

1918. L'Histoire du tems, ou le véritable récit de ce qui s'est passé dans le Parlement depuis le mois d'Aout 1647. jusqu'au mois de Novembre 1648. 1649. *in 8.*

1919. Mémoires de M. de la Porte, premier Valet de Chambre de Louis XIV. *Geneve (Paris)* 1755. *in-12. v. m.*

1920. Mémoires de Mlle de Montpensier. *Paris*, 1728. 6 *tom. en 3 vol. in-12.*

1921. Histoire des démêlés de la Cour de France avec la Cour de Rome au sujet de l'affaire des Corses, par l'Abbé Regnier Desmarais. 1707. *in-4.*

1922. Histoire de Louis de Bourbon , second du nom , Prince de Condé , par M. Coste. *La Huye* , 1748. *in*-4.

1923. Histoire du Vicomte de Turenne , par Ramsey. *Amst.* 1749. 4 *vol. in*-8. *fig. v. f.*

1924. Les Mémoires du Duc de Guise. *Cologne* , 1669. 2 *vol. in*-12.

1925. La Vie de J. B. Colbert. *Cologne* , 1695. *in*-12.

1926. Mémoires du Duc de Navailles & de la Valette. *Paris* , 1701. *in*-12.

1927. Mémoires du Marquis de Feuquieres. *Londres* (*Paris*) 1738. 4 *vol. in*-12.

1928. Mémoires de M. du Guay-Trouin. *Paris,* 1740. *in*-4. *fig. v. f.*

1929. Mémoires & Lettres pour servir à l'Histoire du siécle passé , par M*** *Amst.* (*Paris*) 1756. 14 *vol. in*-12.

1930. Mémoires de la Régence de S. A. R. Monseigneur le Duc d'Orléans. *La Haye* , 1730. 5 *vol. in*-12. *fig.*

1931. ———— Les mêmes. *Amst.* (*Paris*) 1730. 3 *vol. in* 12. *fig.*

1932. La Vie de Philippe d'Orléans , Régent de France. *Londres* , 1736. 2 *vol. in*-12.

1933. Mémoires de Me. de Staal. *Paris* , 1755. 3 *vol. in*-8. *v. m.*

1934. Histoire de Maurice Comte de Saxe. (*Paris*) 1752. 3 *vol. in*-12. *br.*

1935. Mémoires de M. l'Abbé de Montgon. *Lausanne,* 1752. 8 *vol. in*-12. *v. m.*

Histoire des Provinces & Villes de France.

1936. Histoire de la Ville de Paris par D. Michel Felibien , revûe par D. Lobineau. *Paris* , 1725. 5 *vol. in-fol. gr. pap. v. m. fig.*

1937. Le Plan en perspective de la Ville de Paris gravé en vingt planches , par les ordres de M. de Turgot. *in-fol. gr. pap. m. r.*

1938. Nouvelle description des Châteaux & Parcs de Versailles & de Marly, par Piganiol de la Force. *Paris* , 1738. 2 *vol. in-12. fig. v. m.*

1939. Description de Paris , de Versailles , de Marly , de Meudon, de S. Cloud , de Fontainebleau , &c. par Piganiol de la Force. *Paris* , 1742. 8 *vol. in-*12. *fig. v. ec.*

1940. Histoire de l'Abbaïe royale de Saint Denis en France , par D. Michel Felibien. *Paris* , 1706. *in-fol. fig. v. f.*

1941. Description des Château , Bourg & Forêt de Fontainebleau, par l'Abbé Guilbert. *Paris*, 1731. 2 *vol. in-*12. *fig.*

1942. Histoire & Antiquités de la Ville & Duché d'Orléans , par Fr. le Maire. *Orléans* , 1648. *in fol.*

1943. Histoire de Bretagne, par Dom Gui Alexis Lobineau. *Paris* , 1707. 2 *vol. in-fol. fig.*

1944. Histoire des Ducs de Bretagne. *Paris*, 1739. 6 *vol. in-*12.

1945. Histoire générale & particuliere de Bourgogne avec des notes & les Piéces justificatives , par D. Fr. Urbain Plancher. *Dijon* , 1739. 2 *volum. in-fol.*

1946. Les Mémoires historiques de la République Sequanoise , & des Princes de la Franche-Comté , &c. par L. Gollut. *Dole* , 1592. *in-fol.*

1947. Histoire de Berri , par Gaspard Thaumas de la Thaumassiere. *Bourges* , 1691. *in fol.*

1948. Histoire de la Province d'Alsace , par le Pere

Louis Laguille. *Strasbourg*, 1727. 3 *tom. en un vol. in-fol. v. m.*

1949. Hiſtoire du Dauphiné, & des Princes qui ont porté le nom de Dauphins. *Geneve*, 1722. 2 *vol. in-fol. v. f.*

1950. Hiſtoire générale de Languedoc, avec des notes & des Piéces juſtificatives, par D. Fr. Claude de Vic & D. Fr. Joſeph Vaiſſette. *Paris*, 1730. 4 *vol. in-fol. v. f.*

1951. Hiſtoire des Comtes de Provence, par Ant. de Ruffi. *Aix*, 1655. *in-fol. v. f.*

1952. La Chorographie & l'Hiſtoire de Provence, par Honoré Bouche. *Paris*, 1736. 2 *vol. in-fol.*

1953. Hiſtoire des Comtes de Poitou & Ducs de Guyenne, par J. Besly. *Paris*, 1647. *in-fol.*

1954. Hiſtoire de Bearn, par Pierre de Marca. *Paris*, 1640. *in-fol.*

Mélanges de l'Hiſtoire de France.

1955. Mémoires hiſtoriques & critiques ſur divers points de l'Hiſtoire de France, par de Mezeray. *Amſt.* 1732. 2 *tom. en un vol. in-12. v. f.*

1956. Les Origines de l'ancien Gouvernement de la France, de l'Allemagne & de l'Italie, Ouvrage hiſtorique. *La Haye*, (*Paris*) 1757. 4 *vol. in-12. v. m.*

1957. Traité conclu à Paris en Janvier 1718. en exécution des Traités de paix de Baden, de Ryſwick, &c. concernant les affaires de Lorraine. *Nancy*, 1718. *in-12.*

1958. Hiſtoire de la Milice Françoiſe, par le P. Daniel. *Amſterd.* 1724. 2 *vol. in-4. fig.*

1959. Traité hiſtorique des Monnoies de France, avec une diſſertation hiſtorique ſur quelques monnoies de Charlemagne, &c. par le Blanc. *Paris*, 1689. 2 *vol. in*-4.

1960. Le Cérémonial François de Godefroi. *Paris*, *Cramoify*, 1649. 2 *vol. in fol. gr. pap.*

1961. Eloges & difcours fur la triomphante réception du Roi en la Ville de Paris, après la réduction de la Rochelle. *Paris*, 1629. *in-fol. fig.*

1962 Le Camp de la Place Royale. *Paris*, 1612. *in*-8.

1963. L'Entrée triomphante de Louis XIV. & Marie-Therefe d'Autriche dans la Ville de Paris. *Paris*, 1662. *in-fol. fig. m. r.*

III. *Hiftoire d'Allemagne & des Pays Bas.*

1964. Hiftoire générale d'Allemagne, par le Pere Barre. *Paris*, 1748. 11 *vol. in* 4. *grand papier. v. ec.*

1965. Hiftoire de l'Empire par Heiff. *Paris*, 1731. 10 *vol. in*-12.

1966. L'Etat préfent de l'Empire, par l'Abbé de Vayrac. *Paris*, 1711. *in*-12.

1967. La Vie de l'Empereur Charles V. trad. de l'Italien de Leti. *Bruxelles (Rouen)* 1715. 4 *vol. in*-12. *fig.*

1968. Hiftoire de l'Empereur Charles VI. par la Lande. *La Haye*, 1743 6 *vol. in*-12.

1969. Hiftoire du Prince Eugene de Savoie. *Amft.* 1750. 5 *vol. in*-12. *fig. v. ec.*

1970. Mémoires pour fervir à l'Hiftoire de la Maifon de Brandebourg. *La Haye*, 1751. *in*-4. *fig. v. m.*

1971. Hiftoire des Provinces-Unies depuis les négociations pour la paix de Munfter, avec la defcription hiftorique de leur Gouvernement, par Bafnage. *La Haye*, 1719. 2 *vol. in-fol. gr. pap. fig. v. ec.*

1972.

1972. Hiftoire des Provinces-Unies des Païs-Bas, par
le Clerc. *Amft.* 1737. 4 *tom. en* 2 *vol. in-fol. fig.*
v. m.

1973. Etat préfent de la République des Provinces-
Unies , par Janiçon. *La Haye* , 1729. *in-*12. *v. f.*

1974. Hiftoire des révolutions des Païs-Bas , depuis
l'an 1559. jufqu'à l'an 1584. *Paris*, 1727. 2 *vol.*
*in-*12.

1975. Recueil au vrai de l'affaffinat commis en la per-
fonne du Prince d'Orange , par J. Jaureguy , &
autres Piéces. *Anvers* , 1582. *in-*8.

1976. Hiftoire du Stadhouderat , par M. l'Abbé Ray-
nal , revûe , corrigée & purgée de fes fauffetés par
Rouffet. *Amft.* 1749. *in-*12. *v. ec.*

1977. Les délices des Païs - Bas. *Bruxelles* , 1743.
4 *vol. in-*8. *fig. v. f.*

IV. *Hiftoire des Suiffes.*

1978. Hiftoire militaire des Suiffes au fervice de la
France, par M. le Baron de Zurlauben. *Paris* ,
1751. 8 *vol. in-*12. *v. ec.*

1979. Hiftoire de Geneve par Spon. *Geneve*, 1730.
2 *vol. in-*4. *fig.*

1980. L'état & les délices de la Suiffe. *Amft.* 1730.
4 *vol. in-*12. *fig.*

V. *Hiftoire d'Efpagne & de Portugal.*

1981. Hiftoire générale d'Efpagne , tirée de Mariana.
Paris, 1723. 9 *vol. in-*12. *fig.*

1982. —— La même, trad. de l'Efpagnol de J. de
Ferreras, par M. d'Hermilly. *Paris* , 1751. 10 *vol.*
*in-*4. *gr. pap. v. ec.*

1983. Annales d'Efpagne & de Portugal , par Don

Juan Alvarez de Colmenar. *Amft.* 1741. 8 *vol. in-12. fig. v. f.*

1984. La Vie de Philippe II. Roi d'Efpagne, trad. de l'Italien de Gregorio Leti. *Amft.* 1734. 6 *vol. in-12.*

1985. Hiftoire du Miniftere du Cardinal Ximenes, par de Marfolier. *Paris*, 1739. 2 *vol. in-12.*

1986. Mémoires pour fervir à l'Hiftoire d'Efpagne fous le régne de Philippe V. par D. Vincent Bacallar y Sanna Marquis de Saint Philippe, trad. de l'Efpagnol. *Amft. (Paris)* 1756. 4 *vol. in-12. v. m.*

1987. Hiftoire générale du Portugal, par Lequien de la Neufville. *Paris*, 1700. 2 *vol. in-4. m. bl.*

1988. Révolutions du Portugal, par l'Abbé de Vertot. *Paris*, 1750. *in-12. v. f.*

1989. Hiftoire des découvertes & conquêtes des Portugais dans le Nouveau Monde, par le P. Lafitau. *Paris*, 1733. 2 *vol. in-4. fig. v. ec.*

1990. Mémoires hiftoriques, politiques & littéraires concernant le Portugal avec la Bibliothéque des Ecrivains de ce Royaume, par le Chevalier d'Oliveyra. *La Haye*, 1743. 2 *vol. in-12. v. f.*

VI. *Hiftoire d'Angleterre, d'Ecoffe & d'Irlande.*

1991. {
Hiftoire d'Angleterre, par de Rapin Thoyras. *La Haye*, 1724. 13 *vol. in-4.*
Remarques hiftoriques & critiques fur l'Hiftoire d'Angleterre de Rapin Thoyras, par Tyndal. *La Haye*, 1733. 2 *vol. in-4.*
}

1992. Hiftoire navale d'Angleterre, depuis la conquête des Normands en 1066. jufqu'à la fin de l'année 1734. trad. de l'Anglois de Th. Lediard. *Lyon*, 1751. 3 *vol. in-4. v. m.*

1993. Histoire des révolutions d'Angleterre , par le P. d'Orléans. *Paris* , 1693. 3 *vol. in*-4. *v. f.*

1994. Histoire critique du Gouvernement de la Gr. Bretagne , trad. de l'Anglois d'Higgons. *La Haye* , 1730. *in*-8.

1995. Histoire du Parlement d'Angleterre, par M. l'Abbé Raynal. *Londres* . (*Paris*) 1751. 2 *vol. in* 12. *v. ec.*

1996. Nouveau Théâtre de la Grande Bretagne , ou description exacte des Palais du Roi & des Maisons les plus considérables dudit Royaume , avec le supplément & l'Atlas Anglois. *Londres* , 1724. 6 *vol. in-fol. gr. pap. fig. v. m.*

1997. Les délices de la Grande-Bretagne & de l'Irlande , par James Beeverell. *Leide* , 1727. 8 *tom. en 6 vol. in*-12. *fig. v. f.*

1998. Dissertation sur les Whigs & les Torys , par Rapin Thoyras. *La Haye* 1717. *in*-8.

1999. Histoire du divorce de Henri VIII. Roi d'Angleterre & de Catherine d'Arragon , par le Grand. *Paris* , 1688. 3 *vol. in*-12. *m. r.*

2000. La Vie d'Elizabeth , Reine d'Angleterre , trad. de l'Italien de Gregorio Leti. *Amst.* (*Rouen*) 1704. 2 *vol. in*-12.

2001. Defensio regia pro Carolo I. 1649. *in*-16.

2002. Les Mémoires d'Edmond Ludlow , trad. de l'Anglois. *Amst.* 1699. 3 *vol. in*-12. *v. f.*

2003. La Vie d'Olivier Cromwel , par Leti. *Amsterd.* 1694. 2 *vol. in*-12.

2004. ——— La même , trad. de l'Anglois. *La Haye* , 1738. 2 *tom. en un vol. in*-8.

2005. Mémoires de Melvil , trad. de l'Anglois. *Edimbourg* (*Paris*) 1745. 3 *vol. in*-12.

2006. Le Procès sans fin , ou l'Histoire de John Bull,

par le Docteur Swift, trad. par M. l'Abbé Velly.
Londres (*Paris*) 1753 *in*-12. *v. m.*

2007. Lettres de Filtz Moritz sur les affaires du tems,
trad. de l'Anglois par M. de Garnesai. *Amst.* 1718.
in-12.

2008. Mémoires secrets de Milord Bolinbroke sur
les affaires d'Angleterre depuis 1710. jusqu'en
1716. écrits par lui-même. *Londres* (*Paris*) 1754.
in-8. *v. m.*

2009. Histoire de Marie Stuart, Reine d'Ecosse & de
France. *Londres* (*Paris*) 1742. 2 *vol. in*-12.

VII. *Histoire des Pays Septentrionaux, Danemark,
Suede, Moscovie, Pologne, Hongrie & Transilvanie.*

2010. Historia de Gentibus septentrionalibus, autore
Olao magno. *Romæ*, 1555. *in-fol. fig.*

2011. Olai Magni Historia de Gentibus septentriona-
libus. *Antuerpiæ*, 1558. *in*-8. *v. f.*

2012. Suenonis quæ extant Opuscula. *Soræ*, 1642.
in-12. *v. f.*

2013. Histoire de Dannemark, par J. B. des Roches.
Paris, 1732. 9 *vol. in*-12. *v. f.*

2014. Portraits historiques des hommes illustres de
Dannemark, avec leurs Tables généalogiques, par
M. Tycho Hofman. *Copenhague*, 1746. 7 *part. en
un vol. in*-4. *fig. v. m.*

2015. Histoire des révolutions de Suede, par l'Abbé
de Vertot. *Paris*, 1751. 2 *vol. in*-12. *v. f.*

2016. Mémoires concernant Christine, Reine de Suede.
Amst. 1751. 2 *vol. in*-4. *v. ec.*

2017. Histoire de Charles XII. Roi de Suede, trad. du
Suédois de M. Nordberg. *La Haye*, 1748. 3 *vol.
in*-4. *m. r.*

2018. Histoire abregée de l'état présent de la Suede.
Londres (*Paris*) 1748. 2 *tom. en un vol. in*-12.

2019. Description de la Livonie. *Utrecht*, 1706. *in-12.*

2020. Description historique de l'Empire Russien, trad. de l'Allemand de M. le Baron de Strahlenberg. *Paris*, 1757. 2 *vol. in-12. br.*

2021. Mémoires du régne de Pierre le Grand, Empereur de Russie, par le B. Iwan Neslesuranoi. *Amst.* 1728. 5 *vol. in-12.*

2022. Histoire de Pierre I. surnommé le Grand, Empereur de toutes les Russies. *Amst.* 1742. *in-4. fig. v. m.*

2023. Anecdotes du régne de Pierre I. dit le Grand Czar de Moscovie, 1745. *in-12.*

2024. Histoire des Rois de Pologne & du Gouvernement de ce Royaume. *Amst.* 1733. 4 *vol. in-12.*

2025. Histoire des révolutions de Pologne, par l'Abbé Desfontaines. *Amst.* 1735. 2 *vol. in-12.*

2026. Histoire des révolutions de Hongrie. *La Haye*, 1735. 6 *vol. in-12.*

VIII. *Histoire des Pays hors l'Europe.*

2027. Histoire des Arabes avec la vie de Mahomet, par le C. de Boulainvilliers. *Amst.* 1731. *in-12.*

2028. Histoire des Arabes sous le gouvernement des Califes, par M. l'Abbé de Marigny. *Paris*, 1750. 4 *vol. in-12. v. f.*

2029. Histoire des Sarrasins, trad. de l'Anglois de Simon Ockley. *Paris*, 1748. 2 *vol. in-12. v. ec.*

2030. Histoire de l'Empire Ottoman, trad. de l'Italien de Sagredo, par Laurent. *Amst.* (*Paris*) 1742. 7 *vol. in-12.*

2031. Histoire de l'Empire Ottoman par le Prince Demetrius Cantemir, trad. en François par de Jonquieres. *Paris*, 1743. 4 *vol. in-12.*

2032. Mœurs & Usages des Turcs, leur Religion, leur Gouvernement, avec un abrégé de l'Histoire Ottomane, par M. Guer. *Paris*, 1746. 2 *vol. in*-4. *gr. pap. fig.*

2033. Histoire de la guerre de Chypre, écrite en Latin par Ant. Maria Gratiani, & trad. en François par le Peletier. *Paris*, 1685. *in*-4.

2034. Histoire générale des Royaumes de Chypre, de Jerusalem, d'Armenie & d Egypte, par le Chevalier Dominique Jauna. *Leide*, 1747. 2 *v. in*-4. *v. ec.*

2035. Description des Isles de l'Archipel, trad. du Flamand d'O. Dapper. *Amst.* 1703. *in-fol. fig.*

2036. Histoire de Malthe, par l'Abbé de Vertot. *Paris*, 1727. 5 *vol. in*-12. *v. f.*

2037. Histoire de la derniere révolution de Perse. *La Haye* (*Paris*) 1728. 2 *vol. in*-12. *v. f.*

2038. Histoire de Perse depuis le commencement de ce siécle, par M. Clairac. *Paris*, 1750. 3 *vol. in*-12. *v. m.*

2039. Histoire de Thamas Kouli-Kan, Roi de Perse. *Paris*, 1742. *in*-12.

2040. Relation de la grande Tartarie dressée sur les Mémoires originaux des Suédois. *Amst.* 1737. *in*-12.

2041. Histoire du grand Gentghitzcan, Empereur des Mogols & Tartares, trad. par Petis de la Croix. *Paris*, 1710. *in* 12.

2042. Histoire de Gentchiscan, tirée de l'Histoire Chinoise, & trad. par le P. Gaubil. *Paris*, 1739. *in*-4. *v. f.*

2043. Histoire de Timur bec, connu sous le nom du grand Tamerlan, Empereur des Mogols, trad. du Persan par Petis de la Croix. *Paris*, 1722. 4 *vol. in*-12.

2044. Histoire de Tamerlan, Empereur des Mogols, par le P. Margat. *Paris*, 1739. 2 *vol. in*-12.

2045. Description historique du Royaume de Maca-çar, par Gervaise. *Paris*, 1688. *in* 12.

2046. Histoire de l'Isle de Ceylan par J. Ribeyro, trad. du Portugais en François. *Paris*, 1701. *in-12.* *fig.*

2047. Description de l'Isle Formosa en Asie, dressée sur les Mémoires de George Psalmanaazaar. *Amst.* 1708. *in-12.* *fig.*

2048. Histoire de la conquête des Isles Moluques, trad. de l'Espagnol par d'Argensola. *Amst.* 1706. 3 *vol. in-12. fig.*

2049. Histoire de la derniere révolution des Indes Orientales. *Paris*, 1757. 2 *vol. in-12. br.*

2050. Description géographique, historique, politi-que & physique de l'Empire de la Chine & de la Tartarie Chinoise, par le P. du Halde. *Paris*, 1735. 4 *vol. in-fol. fig.*

2051. Histoire de la conquête de la Chine par les Tartares, écrite en Espagnol par de Palafox, trad. en François par Colle. *Amst.* 1723. *in-12. v. f.*

2052. Histoire de la conquête de la Chine par les Tartares Mancheoux, par M. Vojeu de Brunem. *Lyon*, 1754. 2 *vol. in-12.*

2053. Des Cérémonies de la Chine, par le P. Louis le Comte. *Liege*, 1700. *in-12.*

2054. Histoire naturelle, Civile & Ecclésiastiquede l'Empire du Japon, par Kæmpfer. *La Haye*, 1729. 2 *vol. in-fol. fig. v. f.*

2055. Description de l'Afrique, trad. du Flamand d'O-Dapper. *Amsterd.* 1686. *in-fol. fig. v. f.*

2056. Description de l'Egypte composée sur les Mé-moires de M. de Maillet, par M. l'Abbé le Mas-crier. *Paris*, 1735. *in-4. fig. v. f.*

2057. Description géographique & historique des Royaumes & Provinces qui composent l'Empire des Cherifs. *Paris*, 1733. *in-12.*

2058. Histoire de l'Empire des Cherifs en Afrique. *Paris*, 1733. *in*-12.

2059. Relation des Etats de Fez & de Maroc, trad. de l'Anglois. *Paris*, 1726. *in*-12.

2060. Histoire du régne de Mouley Ismaël, Roi de Maroc, par le P. Dominique Busnot. *Rouen*, 1714. *in*-12.

2061. Histoire du Royaume d'Alger, par Laugier de Tassy. *Amst.* 1727. *in*-12.

2062. Histoire des Etats Barbaresques qui exercent la piraterie, trad. de l'Anglois. *Paris*, 1757. 2 *vol. in*-12. *br.*

2063. Relation historique d'Abissinie du P. Jer. Lobo, trad. du Portugais par le Grand. *Paris*, 1728. *in* 4.

2064. Deux Mémoires sur le Pays des Cafres & la Terre de Nuyts. *Amst.* 1718. *in*-12.

2065. Histoire de l'Amérique septentrionale, par M. de Bacqueville de la Potherie. *Paris*, 1722. 4 *vol. in*-12. *fig.*

2066. Dithmari Blefkenii Islandiæ descriptio. *Lugd. Batav.* 1607. *in*-12. *v. f.*

2067. Histoire naturelle de l'Islande. du Groenland, du détroit de Davis, &c. trad. de l'Allemand de M. Anderson, par M. Cellius. *Paris*, 1750. 2 *vol. in* 12. *fig. v. m.*

2068. Gronlandia antiqua seu veteris Gronlandiæ descriptio, aut. Thormodo Torfæo. *Havniæ*, 1715. *in*-8. *v. f.*

2069. Histoire & description générale de la nouvelle France, par le P. de Charlevoix. *Paris*, 1744. 3 *vol. in*-4. *fig.*

2070. Mémoires historiques sur la Louisiane. *Paris*, 1753. 2 *vol. in* 12. *fig.*

2071. Histoire de la Conquête de la Floride, trad. de l'Espagnol de l'Inca Garcilasso de la Vega, par Pierre Richelet. *Leyde*, 1731. 2 *vol. in*-12. *fig.*

2072.

2072. Histoire de la Conquête du Mexique, trad. de l'Espagnol de D. Ant. de Solis, par Citri de la Guette. *Paris*, 1730. 2 vol. *in-12. fig.*

2073. Histoire de l'Isle Espagnole ou de S. Domingue, par le P. P. Fr. Xavier de Charlevoix. *Paris*, 1730. 2 vol. *in-4. fig.*

2074. Histoire de la Jamaïque, trad. de l'Anglois. *Paris*, 1751. 2 vol. *in-12. v. m.*

2075. Histoire des Avanturiers Filibustiers, par Alex. Olivier Oexmelin. *Trevoux*, 1744. 4 vol. *in-12. fig. v. f.*

2076. Histoire de la découverte & de la conquête du Pérou, trad. de l'Espagnol d'Augustin de Zarate. *Paris*, 1716. 2 vol. *in-12. fig.*

2077. Histoire des Incas, Rois du Pérou, trad. de l'Espagnol de Garcilasso de la Vega. *Paris*, 1744. 2 vol. *in 12. fig.*

2078. Histoire des tremblemens de terre arrivés à Lima & autres lieux, avec la description du Pérou, trad. de l'Anglois. *La Haye (Paris)* 1752. *in-12. fig.*

2079. Mœurs des Sauvages Américains comparées aux mœurs des premiers tems par le P. Lafitau. *Paris*, 1724. 2 vol. *in-4. fig. v. f.*

I. *Histoire Généalogique & Heraldique.*

2080. La nouvelle Méthode raisonnée du Blason, par le P. Menestrier. *Lyon*, 1734. *in-12. v. f.*

2081. Histoire généalogique & chronologique de la Maison Royale de France, des Pairs & grands Officiers de la Couronne, par le P. Anselme, revûe & augmentée par les PP. Ange & Simplicien. *Paris*, 1726. 9 vol. *in-fol.*

2082. Les Généalogies historiques des Rois, Empereurs & Héros de l'Antiquité, & de toutes les

Z

Maisons souveraines de l'Europe. *Paris*, 1738. 4 *vol. in-4.*

2083. Tablettes historiques, généalogiques & chronologiques. *Paris*, 1749. à 1753. 6 *vol. in-16. v. m.*

2084. Essais sur la Noblesse de France, par le C. de Boullainvilliers. *Amst.* (*Paris*) 1732. *in-8.*

2085. Traité de la Noblesse & de toutes ses différentes espéces, par de la Roque. *Rouen*, 1734. *in-4.*

Antiquités.

2086. { L'Antiquité expliquée & représentée en figures par D. Bernard de Montfaucon. *Paris*, 1719. 10 *vol. in-fol. gr. pap. fig. v. f.*
Supplément au Livre de l'Antiquité expliquée, par le même. *Paris*, 1724. 5 *vol. in-fol. gr. pap. fig. v. f.*

2087. De religione Gentilium, errorumque apud eos causis, autore Edoardo Herbert de Cherburi. *Amst.* 1665. *in-4.*

2088. Historia Deorum fatidicorum, vatum Sybillarum, Phœbadum apud Priscos illustrium. *Francofurti*, 1680. *in-4. fig.*

2089. Servatii Gallæi dissertationes de Sibillis, earumque oraculis. *Amsterd.* 1688. *in-4. fig.*

2090. Servatii Gallæi Sybillina oracula. *Amst.* 1689. *in-4.*

2091. Explication de divers monumens singuliers qui ont rapport à la Religion des plus anciens Peuples, par Dom Jacq. Martin. *Paris*, 1739. *in-4. fig v. f.*

2092. Roma subterranea novissima opera & studio Pauli Aringhi. *Romæ*, 1751. 2 *vol. in-fol. fig.*

2093. Quadragesima, sive de prisco & vario ritu observato apud Christianas gentes Quadragesimæ, autore Jo. Filesaco. *Lutetiæ*, 1603. *in-8.*

2094. Ufage des Poftes chez les Anciens & les Modernes. *Paris*, 1730. *in-12.*

2095. Recueil d'Antiquités Egyptiennes, Etrufques, Grecques & Romaines, par M. le Comte de Caylus. *Paris*, 1752. 2 *vol. in-4. fig. v. m.*

2096. Thefaurus Antiquitatum Græcarum congeftus & editus à Jac. Gronovio ; accedunt Jo. Potteri Archæologia Græca & Indices in Corpus Antiquitatum, cum figuris. *Lugd. Batav. apud Vander Aa*, 1697. 13 *vol. in-fol.*

2097. Thefaurus Antiquitatum Romanarum congeftus à Jo. Georgio Grævio, cum figuris. *Lugd. Batav. Vander Aa*, 1694. 12 *vol. in-fol.*

2098. Novus Thefaurus Antiquitatum Romanarum congeftus ab Alberto Henr. de Sallengre. *Hagæ Comitum*, 1716. 3 *vol. in-fol. fig. v. f.*

2099. Lexicon Antiquitatum Romanarum, autore Samuéle Pitifco. *Hagæ Comitum*, 1738. 3 *vol. in-fol. fig.*

2100. Roma illuftrata, five Antiquitatum Romanarum Breviarium. *Amft. apud Elzevirios*, 1657. *in-12.*

2101. Henr. Kippingii Antiquitates cum notis. *Lugd. Batav.* 1713. *in-8. fig.*

2102. Collectanea Antiquit. Romanarum quas centum tabulis æneis incifas exhibet Ant. Borioni cum notis. *Romæ*, 1736. *in-fol.*

2103. Vetera Romanorum itinera, five Ant. Auguftini itinerarium cum notis varior. curante P. Weffelingio. *Amft. apud Wetftenium*, 1735. *in-4. v. f.*

2104. Hiftoire des grands chemins de l'Empire Romain, par Nic. Bergier. *Bruxelles*, 1728. 2 *vol. in-4. gr. pap. fig. v. f.*

2105. Antiquités Romaines expliquées dans les Mémoires du Comte de B***. contenant fes avantures. *La Haye*, 1750. *in-4. fig. v. f.*

2106. Antiquitates Italicæ medii ævi , autore Lud. Ant. Muratorio. *Mediolani*, 1738. *6 vol. in-fol. fig.*

2107. Justi Rycquii de Capitolio Romano Commentarius. *Lugd. Bat.* 1669. *in-12.*

2108. Lucii Fenestellæ de Magistratibus Sacerdotiisque Romanorum libellus. *Parisiis*, 1664. *in 16.*

2109. Onuphrii Panvinii de ludis Circensibus Libri 2. & de triumphis Liber. *Venetiis*, 1600. *in-fol. fig.*

2110. Jo. Schefferi de re vehiculari Veterum Libri duo. *Francofurti*, 1671. *in-4.*

2111. P. Burmanni de vectigalibus Populi Romani dissertatio. *Trajecti ad Rhenum*, 1715. *in-12.*

2112. { Jac. Phil. Tomasini de Tesseris hospitalitatis Liber. *Amst.* 1670.
—— Ejusdem Titus Livius Patavinus. *Ibid.* 1670.
2112. Theophrasti de igne Libellus. *Hardevici*, 1656. *in-12.*

2113. { Laur Pignorii de servis Commentarius. *Amst.* 1664. *fig.*
Titi Popmæ de operis servorum Liber. *Amst.* 1672. *in-12.*

2114. Balduinus de Calceo antiquo, & Nigronus de Caliga veterum. *Amst.* 1667. *in-12. fig.*

2115. { Anselmus Solerius de Pileo. *Amst.* 1671.
Hier. Bossii de Togâ Romanâ Commentarius. *Amst.* 1671. *in-12.*

2116. Jo. Alstorphii dissertatio de lectis. *Amst.* 1704. *in-12. fig.*

2117. J. Kirchmanni de annulis Liber singularis. *Lugd. Batav.* 1672. *in 12.*

2118. Observations sur les antiquités de la ville d'Herculanum, par MM. Cochin & Bellicard. *Paris*, 1754. *in-12. br. fig.*

2119. Funerali antichi di diversi Popoli & Nationi descritti da Thomaso Porcacchi con le fig. in rame di Girolamo Porro. *In Venetiâ*, 1574. *in-4. m. r.*

2120. Veterum sepulchra collecta & delineata à P. Sanctio Bartolio cum notis P. Bellorii. *Lugd. Bat.* 1728. *in-fol. fig.*

2121. Veterum lucernæ sepulchrales à P. Sanctio Bartolio delineatæ cum observat. P. Bellorii. *Lugd. Batav.* 1728. *in-fol. fig.*

2122. Anastasis Childerici Franc. Regis, sive Thesaurus sepulchralis Tornaci Nerviorum effossus, autore Jo. Jac. Chifletio. *Antuerpiæ*, 1655. *in 4. fig.*

2123. Recherches sur la maniere d'inhumer des Anciens à l'occasion des tombeaux de Civaux en Poitou. *Poitiers*, 1738. *in-12.*

2124. Jani Gruteri inscriptiones antiquæ totius orbis Romani cum notis Marquardi Gudii, ex recensione Jo. Georgii Grævii. *Amst.* 1707. 4 *vol. in-fol. fig. v. f.*

2125. Inscriptiones seu Epigrammata Gr. & Lat. reperta per Illyricum à Cyriaco Anconitano. *Romæ*, 1747. *in fol. v. f.*

2126. Marmora Taurinensia dissertationibus & notis illustrata. *Augustæ Taurinorum*, 1743. 2 *tom. en un vol. in-4. fig.*

2127. Ezechielis Spanhemii dissertationes de præstantiâ & usu Numismatum antiquorum. *Londini*, 1706. 2 *vol. in-fol. carta magna.*

2128. Thesaurus Brandenburgicus selectus sive gemmarum & numismatum Gr. series Commentario illustr. à L. Begero. *Coloniæ Marchicæ*, 1696. 3 *vol. in-fol. fig. v. f.*

2129. Abrah. Ortelii Deorum, Dearumque capita ex antiquis numismatibus collecta. *Bruxellis*, 1683. *in-4. fig.*

2130. {
Seleucidarum Imperium , five Hiftoria Regum Syriæ ad fidem numifmatum accommodata per J. Foy-Vaillant. *Hagæ Comitum* , 1732.

Hiftoria Ptolemæorum Ægipti Regum ad fidem numifmatum accommodata per eumdem. *Amft.* 1701. *in fol.*

2131. Arfacidarum Imperium , five Regum Parthorum Hiftoria ad fidem numifmatum accommodata per J. Foy-Vaillant. *Parifiis* , 1725. 2 *vol. in-*4.

2132. Thefaurus Morellianus , five Familiarum Romanarum numifmata omnia conquifita & difpofita ab Andr. Morellio, ex edit. Sigeb. Havercampi. *Amft.* 1734. 2 *vol. in-fol. v. m.*

2133. Primorum XII. Cæfarum imagines ex antiquis numifmatibus defumptæ , Auguftarum imagines æreis formis expreffæ , & vitæ earumdem enarratæ ab Ænea Vico. *Romæ* , 1614. 2 *tom. en un vol. in* 4.

2134. Numifmata ærea Imperatorum Auguftarum & Cæfarum in coloniis, municipiis & urbibus, autore Jo. Foy-Vaillant. *Parifiis apud Moette* , 1688. 2 *tom. en un vol. in-fol. carta magna. m. c.*

2135. Numifmata Imperatorum Rom. præftantiora à Jul. Cæfare ad Pofthumum ufque per Jo. Vaillant. *Romæ* , 1743. 3 *vol. in-fol. v. m.*

2136. Imperatorum Romanorum numifmata à Pompeio magno ad Heraclium ab Adolfo Occone olim congefta, & à Fr. Mediobarbo illuftrata, ex edit. Ph. Argelati. *Mediolani* , 1730. *in-fol. veau à compartimens. d. s. t.*

2137. Médailles fur les principaux événemens du régne de Louis le Grand , avec des explications , & la Préface mff. *Paris , de l'Imprimerie Royale* , 1723. *in-fol. v. m.*

2138. Recherches curieuses des monnoies de France, par Cl. Bouteroue. *Paris, Martin,* 1666. *in-fol. gr. pap.*

2139. Traité des Pierres gravées par P. J. Mariette. *Paris,* 1750. *2 tom. en un vol. in-fol. v. ec.*

2140. Teste antiche raccolte da Ant. Agostino. *in 8.*

2141. Pierres antiques gravées par Bernard Picart, tirées des principaux Cabinets de l'Europe, expliquées par Phil. de Stoch. *Amst.* 1724. *in-fol. gr. pap. m. v.*

2142. Picturæ antiquæ Cryptarum Romanarum, & sepulchri Nasonum delineatæ à P. S. Bartholi, & descriptæ à J. P. Belloro. *Romæ,* 1738. *in-fol. fig. v. f.*

2143. Mich. Angeli Causei de la Chausse Romanum Museum, sive Thesaurus eruditæ Antiquitatis. *Romæ,* 1746. *2 vol. in-fol. fig. v. f.*

2144. Museum Etruscum Ant. Fr. Gorii. *Florentiæ,* 1737. *2 vol. in-fol. gr. pap. fig.*

2145. Le Cabinet de la Bibliothèque de Sainte Genevieve, par Cl. de Molinet. *Paris,* 1692. *in-fol. gr. pap. fig.*

Histoire littéraire.

2146. Polydori Vergilii de Inventoribus rerum Libri VIII. & de prodigiis Libri III. *Amst. apud Elzevirium,* 1671. *in-12.*

2147. Histoire de l'origine & des premiers progrès de l'Imprimerie, par Prosper Marchand. *La Haye,* 1740. *in 4.*

2148. Histoire de l'Académie Françoise depuis son établissement jusqu'à 1652. par Pelisson. *Paris,* 1729. *in-4. v. f.*

2149. Histoire & Mémoires de l'Académie des Inscriptions & Belles-Lettres. *Paris*, *de l'Impr. Royale*, 1717. *& années suiv.* 24 *vol. in-4. v. f.*

2150. Photii Bibliotheca Gr. & Lat. ex edit. Davidis Hoeschelii cum scholiis Andr. Schotti. *Rothomagi*, 1653. *in-fol.*

2151. Jugemens des Sçavans sur les principaux Ouvrages des Auteurs, par Adrien Baillet, revûs & augmentés par de la Monnoye. *Paris*, 1725. 7 *vol. in-4. gr. pap.*

2152. Bibliothéque curieuse, historique & critique ou Catalogue raisonné des Livres difficiles à trouver, par David Clement. *Gottingen*, 1736. 4 *vol. in-4. v. m.*

2153. La Bibliothéque de la Croix-du-Maine. *Paris*, *l'Angelier*, 1584. *in-fol.*

2154. La Bibliothéque d'Ant. du Verdier, & à la fin un supplément de l'Epitome de la Bibliothèque de Gesner. *Lyon*, 1585. *in-fol.*

2155. La Bibliothéque choisie de Colomies, avec les notes de Bourdelot & de la Monnoye. *Paris*, 1731. *in-12.*

2156. Bibliothéque Françoise, ou Histoire de la Littérature Françoise, par M. l'Abbé Goujet. *Paris*, 1741. 18 *vol. in-12. v. f.*

2157. Mémoires de Littérature de Sallingre. *La Haye*, 1715. 2 *vol. in-12.*

2158. Nouveaux Mémoire d'Histoire, de Critique & de Littérature, par M. l'Abbé d'Artigny. *Paris*, 1749. 6 *vol. in-12.*

2159. Anecdotes Littéraires. *Paris*, 1752. 3 *vol. in-12.*

2160. Variétés historiques, physiques & littéraires. *Paris*, 1752 6 *tom. en 3 vol. in-12.*

2161. Mémoires pour l'Histoire des Sciences & des Beaux Arts. *Trevoux*, 1701. *& suiv. jusqu'en* 1757. *exclusivement.* 226. *vol. in-12.*

2162. Mémoires pour servir à l'Histoire des hommes illustres dans la République des Lettres, avec un Catalogue raisonné de leurs Ouvrages, par le Pere Niceron. *Paris*, 1727. 43 *tom. en* 44 *vol. in-12. v. f.*

2163. Observations sur les Ecrits modernes, le Nouvellisse du Parnasse & les Jugemens sur quelques Ouvrages nouveaux, par l'Abbé Desfontaines. *Paris*, 1744. *& années suiv.* 47 *vol. in-12. v. ec.*

2164. {
Lettres sur quelques Ecrits de ce tems, par M. Freron. *Geneve (Paris)* 1749. *& années suiv.* 13 *tom. en* 12 *vol. in-12.*

L'Année Littéraire, ou suite des Lettres sur quelques Ecrits de ce tems, par le même. *Amst. (Paris)* 1754. 31 *vol. in-12.*

La revûe des Feuilles de M. Freron. *Londres, (Paris)* 2 *part. en un vol. in-12.*
}

2165. Bibliothéque annuelle & universelle. *Paris*, 1751. 4 *vol. in* 12.

2166. Le Conservateur ou Collection de Morceaux rares & d'Ouvrages anciens, élagués, trad. & refaits à Paris, commençant en Novembre 1756. jusqu'en Septembre 1757. *Paris*, 1756. 11 *vol. in-*12. *br.*

2167. Journal Etranger, Ouvrage périodique, commençant en Avril 1754. jusques & compris Avril 1757. 38 *tom. en* 19 *vol. in-12.*

2168. Bibliothéque historique de la France, par Jacq. le Long. *Paris*, 1719. 2 *vol. in-fol. gr. pap. v. f.*

2169. Catalogue des Livres imprimés & des Manuscrits de la Bibliothéque du Roi. *Paris, de l'Impr. royale*, 1739. *& suiv.* 9 *vol. in-fol.*

2170. Catalogus Librorum Bibliothecæ Bultellianæ digestus & descriptus à Gabr. Martin. *Parisiis*, 1711. 2 *vol. in* 12.

A a

2171. Bibliotheca Fayana, seu Catalogus Librorum Bibliothecæ Car. Hier. de Cisternay Dufay, digestus à Gabr. Martin. *Parisiis*, 1725. *in-8.*

2172. Bibliotheca Colbertina. *Parisiis*, *Martin*, 1728. 3 *vol. in-12.*

2173. Catalogus Librorum Mich. Brochard. *Parisiis*, *Martin*, 1729. *in-8.*

2174. Catalogue des Livres du Cabinet de M. Imbert de Cangé. *Paris*, *Guerin*, 1732. *in-12. v. f.*

2175. Catalogus Librorum Bibliothecæ Car. Henr. Comitis de Hoym, digestus à Gabr. Martin. *Parif.* 1738. *in-8.*

2176. Catalogue des Livres de la Bibliothéque de M. le Chevalier de Charost. *Paris*, *Barois*, 1742. *in 8.*

2177. Catalogue des Livres de M. Barré. *Paris*, *Martin*, 1743. 2 *vol. in-8.*

2178. Catalogue des Livres de M. Danty d'Isnar. *Paris*, *Gabr. Martin*, 1744. *in-12.*

2179. Catalogues des Livres de M. l'Abbé de Rothelin, par G. Martin, *Paris*, 1746. *in-8.*

2180. Catalogue des Livres & Estampes de M. le Comte de Pontchartrain, disposé par J. Boudot. *Paris*, 1747. *in-8.*

2181. Catalogue des Livres de la Bibliothéque du Président Bernard de Rieux. *Paris*, *Barois*, 1747. *in-8.*

2182. Catalogue de la Bibliothéque de M. Burette. *Paris*, *Gabr. Martin*, 1748. 3 *vol. in 12. v. m.*

1917. { Catalogue des Livres de M. le Président Crozat de Tugny. *Paris*, *Thibout.*, 1751. Catalogue des Livres du Comte de la Marck. *Paris*, 1751. *in·8.*

2184. Catalogue des Livres de M. Giraud de Moucy. *Paris*, *Barois*, 1753. *in·8.*

2185. Catalogue des Livres du Cabinet de M. de Boze. *Paris*, *Martin*, 1753. *in-8.*

2186. Catalogue des Livres provenans de la Bibliothé-
que de M. de Boze. *Paris, Martin,* 1734. *in* 8. *br.*

2187. { Catalogue des Livres de M. Bernard. *Paris,*
Barois, 1754.
Catalogue des Livres de M. Bonneau. *Paris,*
1754. *in* 8.

2188. Catalogue des Livres & Estampes de M. de la
Haye, par G. Martin. *Paris,* 1754. *in-*8.

2189. Catalogue des Livres de la Bibliothéque de M.
l'Abbé Delan. *Paris, Barois,* 1755. *in* 8.

2190. Catalogae des Livres de M. Secousse. *Paris,*
Barois, 1755. *in* 8.

2191. Catalogue des Livres du Cabinet de M. G....
D...P...par Gr. Fr. Debure. *Paris,* 1757. *in* 8.

Vies des Personnages illustres.

2192. Les Vies des hommes illustres de Plutarque,
trad. en François par Dacier. *Paris,* 1721. 9 *vol.*
*in-*4. *gr. pap. v. f. d. s. t.*

2193. Cornelius Nepos. *Amst. Janſſon.* 1644. *in-*12.
v. m. d. s. t.

2194. — Idem cum notis variorum. *Lugd. Batav.*
1667. *in-*8. *v. m.*

2195. — Idem de vitâ excellentium Imperatorum ex
recognitione Steph. And. Philippe. *Pariſiis, David,*
1745. *in-*12. *m. r.*

2196. Philoſtratorum quæ superſunt omnia Gr. Lat.
ex recenſione Gottf. Olearii. *Lipſiæ,* 1709. *in-*
fol. v. f.

2197. Les Vies des hommes illuſtres comparés les
uns avec les autres (par M. Richer). *Paris,* 1756.
2 *vol. in* 12. *br.*

2198. La vie de Mahomet, par J. Gagnier. *Anſt.*
(*Trevoux*) 1748. 3 *vol. in-*12.

A a ij

2199. La Vie de Charles V. Duc de Lorraine & de Bar. *Amft.* 1702. *in*-12.

2200. Oeuvres de Brantome. *La Haye*, 1727. 15 *vol. in*-12.

2201. Les Hommes illuftres qui ont paru en France, par Perrault. *Paris*, 1696. 2 *vol. in fol. v. f.*

2202. Les Vies des hommes illuftres de la France, par d'Auvigny. *Paris*, 1739. 19 *vol in*-12.

2203. Diogenis Laertii de Vitis, Dogmatibus & Apophthegmatibus clar. Philofophorum Libri X. Gr. & Lat. cum notis varior. ex emendatione M. Meibomii & Æg. Menagii. *Amft. apud Wetftenium*, 1698. 2 *vol. in*-4. *fig. v. f.*

2204. Hiftoire de Ciceron tirée de fes Ecrits, par M. l'Abbé Prevoft. *Paris*, 1743. 4 *vol. in*-12.

2205. La Vie de B. de Spinofa, par J. Colerus. *La Haye*, 1706. *in*-12. *v. f.*

2206. De vitâ & moribus Epicuri Libri 8. autore P. Caffendo. *Lugduni*, 1647. *in* 4.

2207. Entretiens fur les Vies & fur les Ouvrages des plus excellens Peintres anciens & modernes, avec la vie des Architectes, par Felibien, *Trevoux*, 1725. 6 *vol. in*-12.

2208. Abregé de la Vie des Peintres, par de Piles. *Paris*, 1715. *in*-12.

2209. Abregé de la Vie des plus fameux Peintres, avec leurs portraits gravés en taille douce, par M. Dezaliers d'Argenville, *Paris*, 1745. 3 *vol. in* 4.

Extraits hiftoriques.

2210. Cl. Æliani varia Hiftoria Gr. & Lat. ex edit. Jac. Perizonii. *Lugd. Batav.* 1701. 2 *vol. in*-8. *v. f.*

2211. — Ejufdem varia Hiftoria Gr. & Lat. cum notis varior. curante Abr. Gronovio, *Lugd. Batav. apud Luchtmans*, 1737. 2 *vol. in*-4. *m. r.*

2212. Valerii Maximi Dictorum, Factorumque memorabilium Libri 9. cum notis Lipsii. *Lugd. Batav. apud Fr. Hegetum*, 1640. *in-16. d. s. t.*

2213. — Ejusdem Libri novem Factorum, Dictorumque memorabilium cum notis varior. ex recensione Abrah. Torrenii. *Leidæ, Luchtmans*, 1726. *in-4.*

2214. Guidonis Pancirolli rerum memorabilium Libri duo. *Ambergæ*, 1612. *in-8.*

2215. Balth. Bonifacii Historia Ludicra. *Bruxellæ*, 1665. *in-4. v. f.*

2216. Recueil de diverses Piéces curieuses pour servir à l'Histoire. *Cologne*, 1664. *in-12. v. ec.*

2217. Mélanges historiques. *Amst.* 1718. *in-12.*

2218. Amusemens littéraires, par M. de la Barre de Beaumarchais. *La Haye*, 1740. *3 vol. in-12.*

2219. Mémoires historiques, politiques, critiques & littéraires, par Amelot de la Houssaie. *Amst.* (*Paris*) 1742. *3 vol. in-12. v. f.*

2220. { Recueil A. *A Fontenoy* (*Paris*) 1745. *in-12.*
Recueil B. *Luxembourg* (*Paris*) 1752. *in-12. v. ec.*

2221. Recueil d'observations curieuses sur les mœurs, les coutumes, les langues, le gouvernement, &c. de différens Peuples de l'Asie, de l'Afrique & de l'Amérique, par M. l'Abbé Lambert. *Paris*, 1749. *4 vol. in-12.*

2222. Jo. Jac. Hoffmanni Lexicon universale, Historiam sacram & profanam complectens. *Lugd. Batav.* 1698. *4 vol. in-fol.*

2223. Le grand Dictionnaire historique, ou le mélange curieux de l'Histoire sacrée & profane, par Louis Moreri. *Paris*, 1725. *6 vol. in-fol.*

2224. Dictionnaire historique & critique, par P. Bayle. *Amst.*, 1730. *4 vol. in-fol.*

2225. Remarques historiques & critiques sur le Dictionnaire de Bayle , par L. Joly. *Dijon* , 1748. *2 tom. en un vol. in-fol. v. ec.*

2226. Bibliothèque Orientale de d'Herbelot. *Paris* , 1697. *in-fol.*

SUPPLEMENT.

2227. Nouveau Recueil des Factums du Procès de Furetiere. *Amst.* 1694. *2 tom. en un vol. in-12.*

2228. Dictionnaire comique , critique , burlesque , libre & proverbial, par P. le Roux. *Amst.* (*Paris*) 1750. *in-8.*

2229. Dictionnaire des rimes , par Richelet. *Paris* , 1721. *in-8.*

2230. Le Mexique conquis. *Paris* , 1752. *2 tom. en un vol. in-8. v. m.*

2231. Comes rusticus. *Parisiis* , 1708. *in-8.*

2232. Daphnidium , sive Henrici IV. Franc. Regis heroïca , ex recensione Hieron. Seguier. *Lutetiæ* , 1606. *in-4.*

2233. { Faces Augustæ , sive Poëmatia quibus illustr. nuptiæ à Gaspare Barlæo & Corn. Boio Lat. carmine celebrantur. *Dordraci* , 1643. *in-8. fig.*
Jac. Lydii sermonum convivalium Libri duo.

2234. Ægidii Menagii Poëmata. *Parisiis* , 1680. *in-12.*

2235. L'Esope François , Fables nouvelles , par Desmay. *Paris* , 1678. *in-12. fig.*

2236. Du vrai & parfait Amour écrit en Grec par Athenagoras , contenant les amours honnêtes de Theogenes & de Charide, de Pherecides & de Melangenie. *Paris* , 1612. *in-16. v. f.*

2237. Lettres d'amour d'une Religieuse écrites au Chevalier de C. *Cologne* , 1681. *in-12.*

2238. Lettres de Ninon de l'Enclos au Marquis de Sevigné. *Amst.* (*Paris*) 1750. 2 *part. rel. en un vol. in-*12.

2239. Mémoires & Lettres pour servir à l'Histoire de la vie de Mlle de l'Enclos. *Rotterdam*, (*Paris*) 1751. *in-*8. *v. m.*

2240. Les Mœurs des Chrétiens; par M. Fleury. *Bruxelles*, 1719. *in-*12. *v. f.*

2241. Abregé de la Carte générale du Militaire de France pour les années 1735, 37, 1740. & 1741, 3 *vol. in-*12.

2242. Le vrai & ancien usage des duels confirmé par l'exemple des plus illustres combats & défis qui se soient faits en la Chrétienté, par d'Audiquier. *Paris*, 1617. *in-*8.

2243. Le Parnasse François, par M. Titon du Tillet. *Paris*, 1732. 2 *vol. in-fol. v. m. fig.*

2244. Brevet en Langue Turque accordé par le Grand-Seigneur à M. de la Haye, Ambassadeur à la Porte, en faveur d'un Consul de France, avec la traduction. *Les Lettres Initiales sont peintes en or.*

Fin du Catalogue.

A la suite des Livres l'on vendra les Estampes & des Tableaux de différens Maîtres, entr'autres de MM. Charles & Nic. Coypel, Natoire, Boucher, Pierre, Jeaurat, Teniers, Wouwermans, &c.

www.ingramcontent.com/pod-product-compliance
Lightning Source LLC
Chambersburg PA
CBHW051814020726
47502CB00005B/1455